Teams führen

Für meine Familie

Rainer Niermeyer

Teams führen

2. Auflage

Haufe Gruppe
Freiburg · München · Stuttgart

Bibliografische Information der Deutschen Nationalbibliothek
Die Deutsche Nationalbibliothek verzeichnet diese Publikation in der Deutschen Nationalbibliografie; detaillierte bibliografische Daten sind im Internet über http://dnb.dnb.de abrufbar.

Print:	ISBN 978-3-648-08447-2	Bestell-Nr.: 01312-0002
ePub:	ISBN 978-3-648-08448-9	Bestell-Nr.: 01312-0101
ePDF:	ISBN 978-3-648-08449-6	Bestell-Nr.: 01312-0151

Rainer Niermeyer
Teams führen
2. Auflage 2016

© 2016 Haufe-Lexware GmbH & Co. KG, Freiburg
www.haufe.de
info@haufe.de
Produktmanagement: Dipl.-Kfm. Kathrin Menzel-Salpietro

Lektorat und Satz: Helmut Haunreiter, Marktl am Inn
Umschlag: RED GmbH, 82152 Krailling
Druck: Beltz Bad Langensalza GmbH, Bad Langensalza

Alle Angaben/Daten nach bestem Wissen, jedoch ohne Gewähr für Vollständigkeit und Richtigkeit. Alle Rechte, auch die des auszugsweisen Nachdrucks, der fotomechanischen Wiedergabe (einschließlich Mikrokopie) sowie der Auswertung durch Datenbanken oder ähnliche Einrichtungen, vorbehalten.

Inhaltsverzeichnis

Schnelleinstieg — Was Ihnen dieses Buch bietet 7

1 Nutzen Sie die Vorteile der Teamarbeit 11
1.1 Unterscheiden Sie „echte" und „unechte" Teams 12
1.2 Wo liegen die Grenzen von Teamarbeit? 16
1.3 Warum Sie die Vorteile der Teamarbeit für Ihr Unternehmen nutzen sollten 18

2 Die fünf wichtigsten Kompetenzen der Teamleiter 21
2.1 Führungsmotivation 22
2.2 Handlungsorientierung 22
2.3 Kooperationsfähigkeit 23
2.4 Einfühlungsvermögen 24
2.5 Konfliktfähigkeit 26

3 So definieren und vereinbaren Sie Ziele 27
3.1 Welche Aufgaben sind für die Teamarbeit geeignet? 27
3.2 Führen Sie Ihr Team mit Zielen 33
3.3 So vereinbaren Sie mit Ihren Teammitgliedern Ziele 35

4 So stellen Sie ein effizientes Team zusammen 41
4.1 Wie groß sollte Ihr Team sein? 41
4.2 Welche Rollen sollten Sie besetzen? 44
4.3 So holen Sie fachliche Kompetenz in Ihr Team 55

5 Ihre Rolle als Teamleiter 67
5.1 Wie Sie als Teamleiter Ihre Position im Team finden 68
5.2 Was sollten Sie als Teamleiter leisten? 71
5.3 Wie wird der Teamleiter ausgewählt? 81
5.4 Rolle und Authentizität 84

6 Entwicklungsphasen eines Teams 89
6.1 Forming: Die Mitglieder warten erst einmal ab 89
6.2 Storming: Positionskämpfe im Team 92

6.3	Norming: Festklopfen der Umgangsregeln	95
6.4	Performing: Mitarbeiter übernehmen aktiv Verantwortung	96

7	**Meetings vorbereiten, moderieren und nachbereiten**	99
7.1	Welche Aufgabe hat das Meeting?	99
7.2	So bereiten Sie Meetings vor	102
7.3	Holen Sie das Beste aus einem Meeting heraus	107
7.4	Wie Sie das Meeting erfolgreich durchführen	110

8	**So geben Sie Feedback an Ihre Mitarbeiter**	117
8.1	Wie Sie wirksames Feedback sicherstellen	117
8.2	Das 360°-Feedback für Teamleiter	123

9	**So machen Sie aus Ihrer Mannschaft ein Hochleistungsteam**	127
9.1	Wo steht Ihr Team?	127
9.2	Wie Sie Ihr Team entwickeln	137
9.3	Von einem Einzelcoaching profitieren	146
9.4	Coaching als Aufgabe des Teamleiters	152

10	**So nutzen Sie Konflikte im Team konstruktiv**	163
10.1	Konflikte als Chancen verstehen	163
10.2	Wie Sie Konflikte erkennen können	165
10.3	Der Konfliktlöseprozess	169

11	**So führen Sie virtuelle Teams**	177
11.1	Zukünftige Teams führen sich selbst	177
11.2	Motivation in virtuellen Teams	180
11.3	Teams in der Veränderung	181
11.4	So gehen Sie mit Saboteuren um	183

Ausgewählte Literatur 189

Anhang: Checklisten, Formulare und Arbeitsmittel 191

Stichwortverzeichnis 213

Schnelleinstieg — Was Ihnen dieses Buch bietet

Unternehmen wenden sich zunehmend von straff hierarchischen Organisationsprinzipien ab und dynamisch-flexiblen Projektstrukturen zu. Das intelligente Funktionieren von Arbeitsgruppen und Teams rückt somit in den Mittelpunkt des Interesses einer modernen Führung.

In diesem Buch finden Sie alle wesentlichen Informationen, die Sie benötigen, um sich der Herausforderung, ein Team zu führen, stellen zu können.

1. Nutzen Sie die Vorteile der Teamarbeit
Nicht jede Gruppe ist automatisch auch ein Team. In diesem Abschnitt lesen Sie, was ein gutes Team ausmacht und welche Vorteile es Ihnen im Vergleich zu anderen Formen der Zusammenarbeit bietet. Sie erfahren auch, welche Kompetenzen in einem Team vorhanden sein müssen, für welche Aufgaben Teamarbeit nicht geeignet ist und welche Vorteile sich für Unternehmen mit diesen Arbeitsformen ergeben. Checklisten und Expertentipps helfen Ihnen dabei, Ihre eigene Mannschaft und ihre Aufgaben besser einzuschätzen.

2. Die fünf wichtigsten Kompetenzen für Teamleiter
Wer eine Teamleiterfunktion einnehmen will, muss gewisse Kompetenzen mitbringen. Anderenfalls wird es ihm kaum gelingen, seinen Teammitgliedern ein Spielfeld für die Eigenmotivation zu schaffen, die Ziele im Blick zu behalten und das Team mit anderen Gruppen im Unternehmen zu vernetzen. In diesem Kapitel erfahren Sie das Wichtigste über die Kompetenzen Führungsmotivation, Handlungsorientierung, Kooperationsfähigkeit, Einfühlungsvermögen sowie Konfliktfähigkeit.

3. So definieren und vereinbaren Sie Ziele
Sinn und Zweck eines Teams ist das Erreichen von Zielen, die ein Einzelner nicht zu erreichen vermag. Somit gilt es zunächst, Ziele festzulegen, und zwar sowohl für das Team als Ganzes als auch für den einzelnen Mitarbeiter. Nach der Lektüre dieses Abschnitts werden Sie wissen, wie Sie aus Unternehmenszielen realistische Teamziele ableiten, welche Ziele Ihre Teammitglieder als sinnvoll empfinden

und warum Sie einen Dialog über die Ziele führen sollten. Am Ende des Prozesses steht eine Zielvereinbarung, die die Basis für die Leistungsbeurteilung darstellt. Kompetenztests und Expertentipps unterstützen Sie dabei, sinnvolle Ziele abzuleiten und sich auf das nächste Zielvereinbarungsgespräch vorzubereiten.

4. So stellen Sie ein effizientes Team zusammen

Sind die Ziele fixiert, gilt es zu überlegen, wie das optimale Team aussieht, welches den entscheidenden Beitrag zur Zielerreichung leistet. Hier steht der Teamleiter vor der Herausforderung, seine zukünftige Mannschaft zusammenstellen. Zu diesem Zweck ist es zunächst wichtig zu wissen, welche Größe für das geplante Team ideal ist. In Kapitel 4.1.2 finden Sie eine Checkliste, die Ihnen Hilfestellung bei der Beantwortung dieser Frage gibt. Weiter lernen Sie in diesem Kapitel die verschiedenen Rollen, die Menschen in Gruppen wahrnehmen, kennen und lesen, warum Sie darauf achten sollten, dass möglichst viele dieser Rollen durch Teammitglieder besetzt sind. Sie werden erfahren, was Sie beachten müssen, wenn es um die Verteilung der Fachkompetenzen in Ihrem Team geht. Mithilfe von Kompetenztests lernen Sie die Teamtypen besser kennen und stellen systematisch Ihr Team zusammen.

5. Ihre Rolle als Teamleiter

In der praktischen Arbeit nehmen Sie eine Doppelrolle ein: Einerseits sind Sie Leiter des Teams, andererseits aber auch Mitglied. Wie Sie mit diesem Dilemma am besten umgehen, können Sie in diesem Kapitel nachlesen. Außerdem erfahren Sie, welche Aktionen der Teammitglieder Sie steuern sollten, wie Sie zu tragfähigen Entscheidungen kommen, in welchen Fällen Sie Ihre Teammitglieder beraten sollten, wie Sie das Team nach außen repräsentieren und wie Sie es mit seiner Umwelt vernetzen. Weiter lesen Sie, welche Kriterien und Instrumente zum Einsatz kommen, wenn es darum geht, die Teamleiterfunktion selbst zu besetzen. Auch zu diesen Fragestellungen finden Sie Kompetenztests und Checklisten, die das Gelesene ergänzen. Abschließend zeigt das Kapitel, dass es keinen Verlust an Authentizität bedeuten muss, wenn man als Teamleiter unterschiedliche Rollen bekleidet.

6. Entwicklungsphasen eines Teams

Ein Team ist ein lebendiges Gebilde, das sich ständig verändert. Dabei durchläuft es nahezu gesetzmäßig vier Phasen: die Forming-, Storming-, Norming- und Performingphase. Als Teamleiter sollten Sie wissen, in welcher Phase sich Ihr Team gerade befindet und wie Sie damit am besten umgehen. Sie finden in diesem Kapitel eine Zusammenstellung der wichtigsten To-dos für jede der vier Phasen — damit diese Abschnitte in der Teamentwicklung konstruktiv genutzt werden können und nicht destruktiv wirken.

7. Meetings vorbereiten, moderieren und nachbereiten

Ohne Besprechungen läuft in Teams nichts. Hier werden Informationen ausgetauscht, Ideen entwickelt und Entscheidungen getroffen. Dennoch sind Meetings oft unbeliebt und gelten als Zeitfresser. Damit das in Ihrem Team anders ist, erfahren Sie in diesem Kapitel, welche verschiedenen Arten des Meetings es gibt, wie Sie ein Meeting optimal vorbereiten und welche Teilnehmer dabei sein sollten. Außerdem lernen Sie die Aufmerksamkeitskurve für Besprechungen und ihre Bedeutung für die Agenda kennen. Um die Meetings möglichst effektiv zu gestalten, werden Ihnen verschiedene Kreativitätstechniken vorgestellt. Zudem helfen Ihnen Checklisten dabei, feste Regeln für Meetings zu formulieren und ein sinnvolles Protokoll anzufertigen.

8. So geben Sie Feedback an Ihre Mitarbeiter

Feedback sichert eine stete Weiterentwicklung im Team. Lesen Sie in diesem Kapitel, auf welchen Säulen diese besondere Form der Rückmeldung ruht, welche Aufgaben Feedbackgeber und -nehmer jeweils haben und wie ein Feedback gestaltet sein muss, damit es den gewünschten Effekt erzielt. Mit Kompetenztests können Sie Ihr Wissen in diesem Bereich auch gleich testen.

Als Teamleiter müssen Sie sich womöglich auch einem 360°-Feedback stellen. Was sich genau dahinter verbirgt und welchen Nutzen Sie daraus ziehen können, erfahren Sie ebenfalls in diesem Abschnitt des Buchs.

9. Machen Sie aus Ihrer Mannschaft ein Hochleistungsteam

Die Weiterentwicklung des gesamten Teams und des einzelnen Mitarbeiters ist eine der vornehmsten Aufgaben des Teamleiters. So kann er zum einen sicherstellen, dass sein Team auch zukünftigen Herausforderungen gewachsen ist, und zum anderen einen der wichtigen Motivatoren einsetzen: den Wunsch nach Entfaltung und Selbstverwirklichung des einzelnen Mitarbeiters. Lesen Sie in diesem Kapitel, wie Sie den Entwicklungsstand Ihres Teams erfragen und aus den Ergebnissen Maßnahmen ableiten. Zu diesem Zweck finden Sie hier einen umfangreichen Fragebogen. Anschließend können Sie sich über das Teamcoaching und das Einzelcoaching informieren und nachlesen, wie Sie vorgehen, wenn Sie selbst als Coach Ihrer Teammitglieder auftreten wollen. Verschiedene Checklisten und Kompetenztests unterstützen Sie dabei, den Entwicklungsbedarf festzustellen und Maßnahmen zu planen.

10. So nutzen Sie Konflikte im Team konstruktiv

Konflikte sind völlig normal, wenn mehrere Menschen zusammenarbeiten. Und sie sind auch nicht grundsätzlich schlecht. Im Gegenteil: Sie bieten die Chance, bestehende Probleme zu lösen, Abläufe zu optimieren und den anderen besser kennenzulernen. Das gilt aber nur, wenn sie bemerkt und konstruktiv gelöst werden. Das Basiswissen hierzu erhalten Sie mit diesem Kapitel: Wie lassen sich Streits frühzeitig erkennen? Welche Ursachen haben Auseinandersetzungen? Und das Wichtigste: Welche Maßnahmen ermöglichen es, den Konflikt so aus der Welt zu schaffen, dass keine Folgekonflikte auftreten?

11. So führen Sie virtuelle Teams

Die digitale Revolution verändert die Arbeitsbedingungen dramatisch. Mediale Vernetzung, über verschiedene Standorte verteilte Mitarbeiter und virtuelle Teams stellen Führungskräfte vor neue Herausforderungen. Diese zu meistern, gelingt nur dann, wenn bei der Teamführung besondere Spielregeln beachtet werden. Z. B. gilt es hier besonders, sich durchzusetzen, um den Erfolg des Teams (und Ihren eigenen) nicht zu gefährden. In diesem Kapitel lernen Sie, wie Sie mithilfe von Transparenz und Informationen Überzeugungsarbeit für das gemeinsame Projekt leisten und wie Sie sich persönlich Respekt verschaffen. Aber es kann auch vorkommen, dass all diese Versuche nicht fruchten. Dann erfahren Sie hier, wieso es wichtig ist, konsequent mit Saboteuren umzugehen.

1 Nutzen Sie die Vorteile der Teamarbeit

Heutzutage gibt es kaum eine Stellenanzeige, in der nicht vom Bewerber „Teamfähigkeit" gewünscht wird. Das ist nicht weiter verwunderlich, nimmt doch diese besondere Form der Zusammenarbeit einen immer größeren Raum ein.

Dieses Kapitel erläutert Ihnen die Vorteile echter Teamarbeit für das Unternehmen. Es behandelt die Unterschiede zwischen den verschiedenen Formen der Zusammenarbeit und zeigt, woran Sie echte, leistungsfähige Teams erkennen. Sie erfahren, welche Synergieeffekte, aber auch Managementfehler bei der Teamarbeit häufig vorkommen und in welchen Fällen Sie eine Aufgabe besser nicht einem Team übergeben.

An Mitarbeiter werden in den Unternehmen mittlerweile hohe Anforderungen hinsichtlich der Geschwindigkeit, der Qualität und der Komplexität der Leistungen, die sie erbringen sollen, gestellt. In Einzelleistung ist das oft kaum mehr zu erreichen. Teams versprechen die schnelle Kombinierbarkeit vieler verschiedener Kompetenzen, um ein komplexes Problem rasch zu lösen. Sie sind flexibel einsetzbar, zügig formbar, reformierbar, relativ unkompliziert wieder auflösbar und schnell im Informationsdurchsatz. Für Unternehmen ergeben sich also zahlreiche Vorteile:

- In einem gut funktionierenden Team ergänzen sich die verschiedenen Kompetenzen und Kenntnisse der einzelnen Mitglieder.
- Neue und komplexere Lösungen für bestehende Probleme sind dadurch möglich.
- Teams erarbeiten Ergebnisse häufig schneller und besser als ein Einzelkämpfer.
- Kleine Gruppen arbeiten in der Regel sehr eigenständig an Projekten und nach erfolgreichem Abschluss suchen sich die Mitglieder neue Aufgaben und Mitstreiter im Unternehmen.

1.1 Unterscheiden Sie „echte" und „unechte" Teams

Nicht jede Gruppe ist ein Team — auch wenn viele Menschen den Begriff gebrauchen, wenn sie von ihrem Arbeitsumfeld sprechen. „Bei uns im Team …" ist unter Kollegen eine sehr häufige Redewendung. Doch wer arbeitet wirklich in einem Team? Welches sind die Kennzeichen eines echten Teams?

1.1.1 Welche Formen der Zusammenarbeit gibt es?

Nur weil Kollegen im selben Büroraum sitzen, bilden sie deshalb noch lange kein Team. Wer ähnliche und gleiche Sachverhalte bearbeitet, ist darum noch kein Teamarbeiter. Tatsächlich existieren viele Formen der Zusammenarbeit, die gern als Team bezeichnet werden, aber teilweise nur wenig mit Teamarbeit gemein haben.

Schritt für Schritt: Die Arbeitsgruppe
In einer Arbeitsgruppe bearbeiten alle Mitarbeiter ähnlich gelagerte Inhalte. Die räumliche Nähe dient dem Informations- und Meinungsaustausch zwischen ihnen. Allerdings verfolgen die Kollegen die Aufgaben nicht gemeinsam, sondern bearbeiten sie in Schritten nacheinander.

Keine gemeinschaftliche Leistung: Das Pseudo-Team
Unter die Pseudo-Teams fallen „Teams", die keinen Wert auf gemeinschaftliche Leistung legen und diese auch nicht wirklich anstreben. Jeder Mitarbeiter arbeitet für sich allein. Es existieren keine gemeinsamen Ziele und es findet kein Austausch zwischen den „Teammitgliedern" statt. Das Team existiert nur formell.

Erhöhte Leistungsanforderungen: Das potenzielle Team
Ein potenzielles Team ist eine Gruppe, an die erhöhte Leistungsanforderungen bestehen und die auch versucht, diese Anforderungen zu erfüllen. Allerdings fehlt es in dieser Form der Zusammenarbeit an größerer Klarheit über den Existenzzweck, die Ziele oder auch die Arbeitsergebnisse sowie den gemeinsamen Arbeitseinsatz. Innerhalb der Gruppe hat sich auch noch keine gemeinschaftliche Verantwortung entwickelt.

Gemeinsame Sache: Das echte Team
In einem echten Team dagegen arbeitet eine überschaubare Anzahl von Personen zusammen, die einander ergänzende Fähigkeiten mitbringen. Alle engagieren sich gleichermaßen für eine gemeinsame Sache, gemeinsame Ziele und Vorgehensweisen. Zudem ziehen sich die Teammitglieder gegenseitig zur Verantwortung.

Erwartungen übertroffen: Das Hochleistungsteam
Ein Hochleistungsteam erfüllt alle Kriterien eines „echten Teams". Darüber hinaus setzen sich die Mitglieder besonders für die persönliche Entwicklung und den Erfolg ihrer Mitstreiter ein. In der Gruppe besteht ein ausgeprägtes Bewusstsein über die Rolle des Teams, wenn es darum geht, die Unternehmensziele zu erreichen. Dadurch übertrifft es die Leistungen ähnlicher Teams und die geäußerten Erwartungen.

1.1.2 An diesen Merkmalen erkennen Sie erfolgreiche Teams:

- Das Team zeichnet sich durch ein sehr gutes Arbeitsklima aus.
- Es existiert ein starkes Wir-Gefühl.
- Das Team oder einzelne Mitarbeiter sind zur Übernahme von Verantwortung bereit.
- Das Team sorgt selbstständig für Qualifikation und Weiterbildung seiner Mitarbeiter.
- Es existiert eine ziel- und mitarbeiterorientierte Führung.
- Die Teammitglieder zeigen ein sachlich und emotional offenes Verhalten.
- Alle Mitglieder zeigen hohes Engagement.
- Gegenseitige Unterstützung ist selbstverständlich.
- Es zeichnet sich durch klare Zielsetzungen für Team und Mitarbeiter aus.
- Das Team ist fest und sinnerfüllt in die Gesamtorganisation eingebunden.
- Die Art und Weise der Zusammenarbeit ermöglicht in hohem Maße Partizipation.
- Das Team hat ein konstruktives Konfliktmanagement installiert.
- Es werden Methoden zur Zeit- und Projektplanung genutzt.
- Es wird eine allseitige Kommunikation und Interaktion gepflegt.

Checkliste: Arbeite ich in einem Team?	Ja
Mein Team ist eine fach- und abteilungsübergreifende Gruppe.	
Innerhalb meines Teams sind Rechte und Pflichten gleich, unabhängig von hierarchischen Gegebenheiten außerhalb des Teamkontexts. (Eine Ausnahme gibt es unter Umständen nur für die Funktion des Teamleiters).	
Komplexe Aufgaben werden in meinem Team durch die Kombination von unterschiedlichem Spezialisten- und Laienwissen gelöst.	
Mein Team ist eine Arbeitsgruppe, die sich unter der Moderation eines Teamleiters selbst organisiert.	
Einzelne Mitarbeiter können gleichzeitig in verschiedenen Teams arbeiten – besonders in sehr projektbezogen arbeitenden Unternehmen.	
Das Team findet sich für die gemeinsame Arbeit an bestimmten Aufgaben und Vorhaben zusammen – es ist keine Gruppe von Menschen, die parallel zueinander dasselbe tun.	
Jeder beteiligt sich nach persönlichen Fähigkeiten und Kenntnissen an der gemeinsamen Aufgabe. Innerhalb meines Teams gibt es – mit Ausnahme des Teamleiters – keine hierarchischen Abstufungen.	

1.1.3 Nutzen Sie die Synergieeffekte

Durch die Kombination der unterschiedlichen Kompetenzen der einzelnen Mitglieder werden Teams zu erfolgreichen Problemlösern. Aber ein Team ist nur als ein Ganzes leistungsfähig und nicht einfach eine Ansammlung einer bestimmten Anzahl von Leuten.

Beispiel: Leistungsfähigkeit eines Teams
Eine Fußballmannschaft, die nur aus Verteidigern besteht, kann das eigene Tor sauber halten – doch zum Sieg muss sie selbst Tore erzielen. Sie braucht also auch Stürmer. Die Stürmer allein wiederum schießen auch noch keine Tore – sie benötigen die Zuspiele aus dem Rückraum, die aus dem Mittelfeld und der Verteidigung kommen müssen.

Die reine Summierung der Einzelleistungen von Teammitgliedern ist nicht sinnvoll: Sinkt die Leistung eines Fußballteams, wenn der Torwart ausscheidet, um genau 9,09 Prozent? Oder gerät nicht vielmehr die gesamte Teamstruktur ins Wanken? Ist nicht das Erreichen des Ziels insgesamt gefährdet?

Wie müssen die Kompetenzen verteilt sein?
Teamarbeit erfordert die Integration menschlicher Kompetenzen auf den Ebenen von
- Fachkompetenz,
- Managementkompetenz,
- sozialer Kompetenz,
- Führungskompetenz und
- personaler Kompetenz.

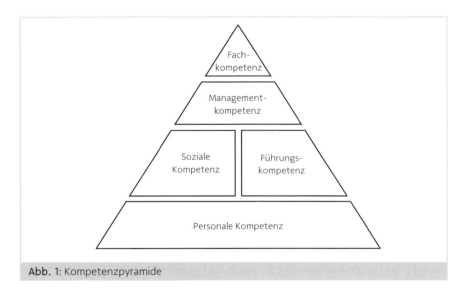

Abb. 1: Kompetenzpyramide

Wie die Kompetenzen den menschlichen Umgang beeinflussen
In der Heterogenität der Teamzusammensetzung liegt das Potenzial für Spitzenleistungen. Um ein Team wirklich schlagfertig zu machen, sind Unterschiedlichkeiten auf der Ebene der Fachkompetenz geradezu erwünscht. So können sich die Mitglieder in ihrem Wissen, ihren Fertigkeiten und Erfahrungen ergänzen.

Dagegen sollten die Voraussetzungen auf der Ebene der Persönlichkeit einander weitgehend ähneln. Hier geht es um grundlegende Sichtweisen des menschlichen Umgangs innerhalb eines Teams.

1.2 Wo liegen die Grenzen von Teamarbeit?

Die Grenzen der Teamarbeit sind schnell erreicht, wenn die Unternehmenskultur nicht zulässt oder erschwert, dass einzelne Mitarbeiter Verantwortung übernehmen. Wenn ein Klima der Rechtfertigung und Absicherung herrscht, können kreative Lösungen, die oft einen gewissen Vertrauensvorschuss benötigen, nicht Fuß fassen. In solchen Fällen muss das Topmanagement erkennbare Signale setzen. Es muss die Verantwortung für neue Schritte und einen generellen Wandel der Unternehmenskultur übernehmen, um so genügend Veränderungsbereitschaft zu erzeugen.

> **Expertentipp: Kritische Anfangsphase**
>
> Gerade in der Anfangsphase ist Teamarbeit, insbesondere in Projektteams, sehr anfällig. Wenn Sie als Führungskraft in dieser Zeit das Team zu wenig unterstützen und als Teamleiter zu wenig Ansporn und Anstoß bieten, kann es schnell zu Frustrationen kommen, die den Prozess stagnieren lassen.

1.2.1 Welche Führungsfehler Teams behindern können

Der Unternehmensberater Norbert Ueberschaer nennt die folgenden zwölf Gründe, die vor allem die Teamarbeit zum Scheitern bringen:

1. Die Führung geht zu sehr auf Distanz („Macht mal!").
2. Das mittlere Management ist zu passiv, statt aktive Unterstützung zu leisten („Beweist mal, dass ihr es besser könnt!").
3. Ein ungeeignetes Führungsverhalten zerstört Vertrauen, Offenheit und Selbstverwirklichungswünsche der Mitarbeiter.
4. Verantwortung wird nicht konsequent genug delegiert und zugelassen.
5. Es werden zu schnell Erfolge erwartet, obwohl die Teamarbeit als mittel- bis langfristiger Prozess zu sehen ist.

6. Ein Mangel an methodischem Vorgehen bzw. Unterstützung reduziert die Effizienz der Ergebnisse. Es finden zu viele Diskussionen statt, zu wenige detaillierte, sofort umsetzbare Ergebnisse entstehen.
7. Die Moderationsumgebung und -mittel sind schlecht, die Workshop-Moderation ist unprofessionell, Schulungen und Betreuung fallen zu knapp aus.
8. Die Führungskräfte wollen selbst moderieren, statt sich als Gruppenmitglieder einzubringen.
9. Dem Team sind die strategischen Ziele des Unternehmens nicht bekannt oder diese werden zu wenig als Orientierungsgrößen verwendet.
10. Es gibt Versuche mit Insellösungen, die Integration aller Abteilungen und Bereiche wird zu spät vorgenommen.
11. Für die Teamarbeit wird zu wenig Zeit aufgewendet, es ist zu viel Freizeit der Mitarbeiter erforderlich.
12. Projektabwicklung, Zeitplanung und Koordination der Schnittstellenthemen sind mangelhaft.

1.2.2 Wann Sie besser nicht auf Teamarbeit setzen sollten

Nicht immer ist Teamarbeit die beste Wahl. Es gibt einige Situationen, in denen Sie besser auf sie verzichten.

- Ein wichtiger Faktor ist die Zeit. Der Aufwand für die Planung, Koordinierung und Dokumentation eines Teams kann sehr hoch sein. Damit ist es möglich, dass Aufwand und Nutzen in bestimmten Entscheidungssituationen in einem sehr ungünstigen Verhältnis stehen.
- Ein Übermaß an Kompromissbereitschaft und Harmoniebedürfnis im Team können den gemeinsamen Erfolg schmälern. Dann besteht die Gefahr, dass um des Friedens willen bestimmte Lösungen nicht ausdiskutiert und umgesetzt werden.
- Es gibt immer wieder Teammitglieder, die vor allem als „Eigenbrötler" einen guten Job machen. Allerdings können sie sich eventuell mit der Arbeitsweise in Teams — z. B. mit dem gemeinsamen Beraten und Entscheiden — nicht anfreunden. Solche Tüftler und Spezialisten werden unter Umständen durch Teamspielregeln „neutralisiert".
- Einige Mitarbeiter können sich durch Gruppennormen und den Zwang, anderen Raum zu geben, in ihrer Persönlichkeit und in ihren Entfaltungsmöglichkeit eingeschränkt sehen. Kreatives Potenzial kann verloren gehen.

- Manche Verhaltensweisen von Menschen, wie z. B. Intoleranz und Sturheit, können das Team schnell an seine Grenzen führen. Frust und später Desinteresse breiten sich aus.

Angesichts der Schwierigkeiten, die bei der Teamarbeit auftreten können, sollten vor der Übertragung einer Aufgabe an ein Team einige Vorüberlegungen angestellt werden.

Checkliste: Ist die Bildung eines Teams sinnvoll?	Ja
Haben die Teammitglieder wenigstens teilweise bereits Erfahrungen mit der Arbeit in Teams gemacht?	
Sind die organisatorischen Voraussetzungen für eine Teamarbeit gegeben?	
Erfordert der Teamauftrag als solcher tatsächlich eine Teambildung (s. Kapitel 3.1)?	
Sind die infrage kommenden Mitarbeiter zu einer kooperativen Arbeitsweise bereit und fähig? (Es gibt auch sehr gute „Einzelkämpfer".)	
Treten die Teammitglieder freiwillig in die neuen Strukturen ein?	

1.3 Warum Sie die Vorteile der Teamarbeit für Ihr Unternehmen nutzen sollten

Unternehmen mit einer strengen Hierarchie werden in einem sich rasch verändernden Umfeld schwerfällig und haben langfristig nur geringe Überlebenschancen. Bürokratische, langsame Strukturen sind nicht mehr fähig, der Geschwindigkeit des Markts zu folgen.

1.3.1 Lassen Sie Eigeninitiative zu

Hierarchische Organisationen sind u. a. deshalb so schwerfällig, weil sich die Loyalität der einzelnen Mitarbeiter häufig eher auf den eigenen Vorgesetzten als auf das Unternehmen richtet: „Lieber mit dem Chef irren, als gegen ihn Recht haben!" Auch Bezahlung und Karriere der Mitarbeiter ist von diesem Denken abhängig. Wer den Markt in seiner Entwicklung gar mit beeinflussen möchte, braucht aber ein Mehr an Flexibilität, Innovation und Synergie. Diese Fähigkeiten können Unternehmen mit klassischen hierarchischen Organigrammen und Arbeitsanweisungen nicht genügend entwickeln.

Die „alten", funktional und hierarchisch gegliederten Organisationen werden daher zunehmend durch Netzwerke aus kleineren, flexibleren und autonomeren Einheiten abgelöst. Diese Organisationsform ist lernfähiger — denn sie lässt sich schnell und pragmatisch den sich stets wandelnden Bedingungen anpassen.

1.3.2 Punkten Sie im „War for Talents"

Es wird künftig ein entscheidender Wettbewerbsvorteil auf den globalen Märkten sein, im „War for Talents" hoch motivierte und hoch talentierte Mitarbeiter zu binden. Teams bieten für diese umkämpfte Zielgruppe die ideale Arbeitsumgebung: Sie sind hoch motivierend für ihre Mitarbeiter, überschaubar groß und weitgehend selbstverantwortlich und kreativ.

> **Expertentipp: Investoren schätzen Teamarbeit** !
>
> Es wurde beobachtet, dass Anlegergruppen — jenseits der temporären Euphorie für bestimmte Branchen — besonders in Unternehmen investieren, die als Arbeitgeber interessant sind. Denn hier sammeln sich die interessantesten Köpfe. Mit anderen Worten: Langfristig wird ökonomischer Erfolg vor allem dort erwartet, wo die Mitarbeiter ihre Fähigkeiten optimal entfalten können und mit hoher Motivation die gemeinsamen Ziele verwirklichen.

2 Die fünf wichtigsten Kompetenzen der Teamleiter

Häufig liegt das Augenmerk von Unternehmen bei der Suche nach einem geeigneten Teamleiter vor allem auf dem fachlichen Können der infrage kommenden Kandidaten. Allerdings ist die Fachkompetenz für die anstehenden Aufgaben eines Teamleiters eigentlich nur die notwendige, keinesfalls jedoch ausreichende Vorraussetzung.

Von größerer Bedeutung sind Fähigkeiten und Kenntnisse, die es ihm ermöglichen, mit anderen Menschen gemeinsam an einem Vorhaben zu arbeiten, die Kommunikation untereinander zu fördern und zu steuern sowie die Ergebnisse stets in Bezug zu den Zielen und Aufgaben zu setzen. Erfolgreiche Teamleiter zeichnen sich in der Regel nicht — oder nicht nur — durch ihre hohen fachlichen Qualifikationen aus, sondern vielmehr durch ihre Soft Skills, ihr Organisationstalent und ihr Talent, andere Mitarbeiter zu führen. Bei der Auswahl von Teamleitern überschätzen die meisten Unternehmen die Bedeutung der fachlichen Kompetenzen, während sie gleichzeitig die Rolle, die die Soft Skills für den Teamerfolg spielen, unterschätzen.

Um aus einer Gruppe von Menschen ein schlagfertiges Team zu machen und dies zum Erfolg zu führen, brauchen Sie vor allem die folgenden Kompetenzen:
1. Führungsmotivation
2. Handlungsorientierung
3. Kooperationsfähigkeit
4. Einfühlungsvermögen
5. Konfliktfähigkeit

> **Expertentipp: Soft Skills sind erlernbar** !
>
> Viele Menschen glauben, dass Kompetenzen wie Handlungsorientierung oder Einfühlungsvermögen nicht veränderbar seien. Dabei ist es durchaus möglich, diese und andere Soft Skills bis zu einem gewissen Grad zu verändern und auszubauen.

2.1 Führungsmotivation

Die Motivation zur Führung ist eine der wesentlichen Voraussetzungen, um eine Gruppe leiten zu können.

Menschen, die nur über eine gering ausgeprägte Führungsmotivation verfügen, zeigen in vielen sozialen und besonders in konflikthaltigen Situationen zurückhaltende Reaktionen. Ein Teamleiter muss seine Ansicht aber auch gegen Widerstände durchsetzen können. Daher ist ein gewisses Maß an Führungsmotivation unabdingbar.

Hoch führungsmotivierten Personen mangelt es nicht an Mut, Entscheidungen durchzusetzen. Sie wollen die Dinge, die Ihnen begegnen, verändern und übernehmen selbstbewusst die Leitung von Gesprächen und Meetings. Auch in größeren Gruppen sprechen sie gern vor den anderen, dabei ist ihnen vor allem ihre Position innerhalb der Gruppe wichtig.

Eine zu starke Ausprägung der Führungsmotivation wird sich jedoch in dominantem Führungsverhalten äußern. Auch dies ist für eine konstruktive Teamarbeit nicht förderlich, da Entscheidungen im Zweifelsfalle nicht zugunsten des Ergebnisses, sondern zur Festigung der Führungsposition getroffen werden.

Daran erkennen Sie Menschen mit hoher Führungsmotivation
- Wer über eine hohe Führungsmotivation verfügt, will von anderen positiv wahrgenommen werden, weil er Verantwortung übernommen hat. Ihm sind Status und Anerkennung wichtig.
- In Gesprächen übernimmt er schnell die Führung.
- Es bereitet ihm Freude, vor anderen zu sprechen.
- Er hat den Willen, Dinge zu verändern.

2.2 Handlungsorientierung

Menschen, die in besonderem Maße handlungsorientiert sind, nutzen die Aufbruchstimmung zu Beginn einer Aufgabe. Selbst wenn zunächst nur planerische und vorbereitende Tätigkeiten anstehen, legen sie erst einmal einfach los.

Handlungsorientierte Personen besitzen die Fähigkeit, vorwärts zu denken. Wenn sie Rückschläge einzustecken haben, halten sie sich nicht lange mit der Schuldfrage oder gar mit Selbstzweifeln auf. Vielmehr versuchen sie schnell, die Ursache für den Fehlschlag zu finden und neue Lösungswege zu eröffnen.

Wenn ein Teamleiter nur eine geringe Handlungsorientierung besitzt, besteht die Gefahr, dass die Entscheidungsprozesse sehr langwierig werden. Auch drohen dann Besprechungen, in denen sich die Informationen nicht vermehren, sondern stets aufs Neue abgewogen werden. Ist die Handlungsorientierung dagegen zu stark ausgeprägt, kann dies das Ergebnis beeinträchtigen. Oft startet das Team zu schnell, es übergeht wertvolle Informationen oder bewertet sie falsch.

Dies zeichnet handlungsorientierte Menschen aus

- Handlungsorientierte Menschen sind sehr entscheidungsfreudig. Sie fangen lieber an, irgendetwas zu machen als zu warten.
- Sie sind in der Lage, vorwärtszudenken.
- Von Misserfolgen lösen sie sich schnell, um einen anderen Lösungsweg zu versuchen.
- Sie gehen viele Dinge proaktiv an und initiieren damit weitere Handlungen und Aktionen.

> **Expertentipp: Nicht übertreiben** !
> Zu viel Elan kann auch schädlich sein: Menschen mit zu großer Handlungsorientierung sind oft ungeduldig und deshalb schnell ungehalten und reizbar.

2.3 Kooperationsfähigkeit

Ein guter Teamleiter zeichnet sich durch eine ausgeprägte Kooperationsfähigkeit aus, denn für die Leitung eines Teams ist es wichtig, Kontakte knüpfen und pflegen zu können.

Teamleiter mit einer hohen Kooperationsfähigkeit sind in der Lage, das Können und Wissen ihrer Mitarbeiter geschickt für die eigene Lösungsfindung zu nutzen. Eine hohe Kooperationsfähigkeit geht mit einer ausgeprägten Affinität zur sachlichen Diskussion um verschiedene Lösungsansätze einher. Probleme werden so nicht impulsiv, sondern gemeinsam in der Gruppe gelöst. Für die grundsätzliche Arbeitskultur in Teams ist dieses Vorgehen sehr förderlich.

Allerdings kann sich eine übertriebene Kooperationsbereitschaft auch hemmend auswirken. So ist es möglich, dass Lösungen, die ursprünglich ausgesprochen gut und geeignet waren, an Qualität verlieren, weil im Team der Kompromiss über die Güte gestellt wird. Zudem ist es wenig sinnvoll, wenn „gemeinsam Bleistifte gespitzt werden". Auch in Teams ist eine gesunde Mischung aus Kooperationsbereitschaft einerseits und Handlungsorientierung sowie Entscheidungsfreude andererseits die Basis für zielorientiertes Arbeiten.

Daran erkennen Sie kooperationsfähige Menschen
- Personen mit hoher Kooperationsbereitschaft findet man häufig in ausgedehnten Diskussionen über verschiedene Lösungswege. Sie wollen gemeinsam mit der Gruppe eine Lösung finden.
- Kompromisslösungen stellen für sie kein Problem dar.
- Sie legen Wert darauf, alle beteiligten Personen bei der Lösungsfindung miteinzubeziehen.
- Sie wissen die Fähigkeit anderer intelligent für die eigene Lösungsfindung einzusetzen.

2.4 Einfühlungsvermögen

Einfühlungsvermögen meint die Fähigkeit eines Menschen, das Denken, Fühlen und Wollen anderer nachvollziehen zu können. Wenn ein Teamleiter über ein hohes Einfühlungsvermögen verfügt, überlegt er sich bereits im Vorfeld, welche Auswirkung sein Tun auf andere haben kann.

Außerdem vermitteln einfühlsame Teamleiter ihren Mitarbeitern, dass diese tatsächlich in ihren Bedürfnissen wahrgenommen werden. Denn sie erkennen schneller, welche Beweggründe und Sichtweisen hinter dem Handeln ihrer Teammitglieder stehen, sie fragen nach und hören zu. Dadurch können sie leichter die passenden Argumente im Gespräch finden, um den anderen zu überzeugen. Der Mitarbeiter wird da abgeholt, wo er steht, und baut dadurch erst gar keine Widerstände gegen Beschlüsse und Veränderungen auf. Durch die erfahrene Wertschätzung der eigenen Person wächst auch das Engagement des Mitarbeiters. Nicht zuletzt erkennt ein einfühlsamer Teamleiter schnell, wie sich das Klima in der Gruppe entwickelt, und ist bereit, im Bedarfsfall einzugreifen. So ist er auch in der Lage, zügig eine Rückmeldung über das eigene Wirken einzuholen und dementsprechend sein Verhalten zu ändern.

Woran Sie ein gutes Einfühlungsvermögen erkennen

- In Gesprächen und Diskussionen hören einfühlsame Personen sehr gut und aktiv zu.
- Sie beobachten ihre Kommunikationspartner genau und berücksichtigen dabei nicht nur verbale, sondern auch nonverbale Signale. Auch schwache Signale bleiben ihnen nicht verborgen.
- Sie versuchen, aus ihren Beobachtungen Schlüsse zu ziehen, bewerten sie aber nicht. Ihnen geht es nicht darum, Urteile zu fällen, sondern die Motive des anderen zu verstehen.
- Einfühlsame Menschen sind in der Lage, „über den Tellerrand" zu blicken und die Sichtweise anderer anzunehmen.

Expertentipp: Keine übertriebene Empfindsamkeit

Verwechseln Sie ein hohes Einfühlungsvermögen nicht mit großer Empfindsamkeit. Die Empfindsamkeit bezieht sich auf die eigene Störbarkeit und Labilität, während das Einfühlungsvermögen die Sensibilität der Wahrnehmung meint, die auf das Befinden anderer Personen gerichtet ist.

Menschen mit ausgeprägter Empfindsamkeit reagieren sehr sensibel, wenn sie das Gefühl haben, dass hinter ihrem Rücken über sie gesprochen wird. Sie können sich nur schwer über Misserfolge hinwegtrösten und beziehen Rückschläge stark auf die eigene Person. Sie sind emotional leicht störbar und aus dem Gleichgewicht zu bringen. Oft machen solche Personen aus einer Mücke einen Elefant.

Für die Teamarbeit ist es sehr hinderlich, wenn sich der Teamleiter schnell angegriffen fühlt. Es besteht dann die Gefahr, dass er Sachdiskussionen zur konstruktiven Lösungssuche als persönliche Konflikte auffasst. Dann fehlt das „dicke Fell", das ein Teamleiter in den heißen Phasen mitunter benötigt.

2.5 Konfliktfähigkeit

Wann immer mehrere Menschen über längere Zeit hinweg miteinander zu tun haben, lassen sich Streitigkeiten auf Dauer nicht ausschließen. Das ist in Teams nicht anders. Um zu verhindern, dass Ungereimtheiten, Reibungsverluste und auch persönliche Differenzen den Erfolg der Zusammenarbeit schmälern, muss der Teamleiter fähig sein, Konflikte anzusprechen und zu lösen. Gleichzeitig muss er in der Lage sein, seinen Standpunkt in einer konstruktiven Diskussion auch gegen Widerstände zu vertreten und durchzusetzen. Hier sind von ihm gleichermaßen Diplomatie und Zielorientierung gefordert.

Konflikte sind nicht per se negativ. Sie decken Schwachstellen in der Zusammenarbeit auf, öffnen Raum für Veränderungen und ermöglichen eine Weiterentwicklung des Teams. Auf die Gruppe wirkt es sich positiv aus, wenn Auseinandersetzungen auf der Sachebene sofort angegangen werden. So ist es möglich, Entscheidungen zügig zu fällen. Spannungen und Konflikte, die sich an anderer Stelle durch langes Zögern und Unentschlossenheit ergeben, lassen sich durch ein gesundes Maß an Konfliktfähigkeit sogar vermeiden.

Merkmale einer konfliktfähigen Person
- Konfliktfähige Personen gehen schwelenden Konflikten und möglichen Differenzen nicht aus dem Weg, sondern sprechen sie an, um sie aus dem Weg zu räumen.
- Sie sind bereit, in Kauf zu nehmen, dass andere Menschen durch Entscheidungen in ihrer eigenen Entscheidungsfreiheit beeinträchtigt werden oder auch in Verlegenheit geraten.
- Diskussionen und schwierige Themen werden nicht gemieden, sondern aktiv gesucht und angesprochen.
- Bei persönlichen Angriffen bleiben konfliktbereite Menschen ruhig.

3 So definieren und vereinbaren Sie Ziele

Ohne klare Ziele wird es zu keinem echten Teamworking kommen. Menschen können sich nur dann wirklich bewegen und sinnvoll auf ein Ergebnis hinarbeiten, wenn dieses eindeutig definiert ist. Wem dagegen das Ziel fehlt, der wird auch den Weg nicht finden. Denn aus welchem Grund sollte jemand seine Energie und sein Commitment für etwas geben und eine lange Wegstrecke zurücklegen, wenn er nicht weiß, was ihn am Ende erwartet?

Ihnen als Teamleiter fällt die Aufgabe zu, den Teammitgliedern die Teamziele zu erläutern und mit ihnen die sich daraus entwickelnden persönlichen Ziele zu vereinbaren. Das dazu notwendige Wissen vermittelt Ihnen dieses Kapitel. An dessen Ende werden Sie wissen,

- welche Aufgaben geeignet sind, um im Team bearbeitet zu werden,
- welche unterschiedlichen Zielarten es gibt,
- wie Sie die Ziele für Ihr Team eindeutig formulieren und sie klar an den Unternehmenszielen ausrichten,
- wie Sie verhindern, dass unterschiedliche Interessen den Teamerfolg gefährden,
- mit welcher Anzahl an Zielen Sie erfahrungsgemäß gut fahren,
- wieso Sie mit Ihren Mitarbeitern einen Dialog über die anstehenden Aufgaben und Herausforderungen führen sollten,
- auf welche Art Sie mit Ihren Teammitgliedern die individuellen Ziele absprechen und wie Sie Zielvereinbarungen treffen,
- nach welcher Methode Sie die Ziele jeweils formulieren sollten und
- wie Zielvereinbarungen und Leistungsbeurteilungen zusammenhängen.

3.1 Welche Aufgaben sind für die Teamarbeit geeignet?

Bereits die Formulierung des Teamauftrags legt den Grundstein für einen künftigen Erfolg oder ein späteres Scheitern des Teams. Nicht alle Aufgaben sind für eie Bearbeitung durch eine Gruppe geeignet. Wenn der Auftrag die Teammitglieder unterfordert, reagieren sie aller Regel mit Frustration und Zynismus. Das sorgt dafür, dass sich das Ergebnis an die geringen Erwartungen anpasst. Die Teammitglieder sprechen dann möglicherweise von einer „Beschäftigungstherapie".

Auch wenn der Auftrag das Team überfordert, stellen sich Frustration und Enttäuschung ein. Ein Scheitern ist in diesen Fällen vorprogrammiert. Und weil die Erreichung des Ziels von vornherein unrealistisch erscheint, gibt es für die Teammitglieder auch keinen Grund, mit hoher Motivation an der Erfüllung der Aufgabe mitzuarbeiten.

> **Expertentipp: Formulierung von Teamzielen**
>
> Bei der Formulierung des Teamauftrags müssen Sie eine Gradwanderung vollziehen: Einerseits sollten die Ziele visionär genug sein, um die Mitglieder zu inspirieren und ihr Engagement anzufachen, andererseits müssen Ihre Vorgaben auch realistisch genug sein, um die Erreichbarkeit sicherzustellen.

3.1.1 Wie Sie Teamziele aus den Unternehmenszielen ableiten

Teamziele lassen sich aus Unternehmenszielen ableiten. Dabei sind die Formulierungen für die Teamziele wesentlich konkreter als die der Unternehmensziele. Teamziele sind besser quantifizierbar, weniger abstrakt und kurzfristiger angelegt als Unternehmensziele, die eher strategischer Natur sind.

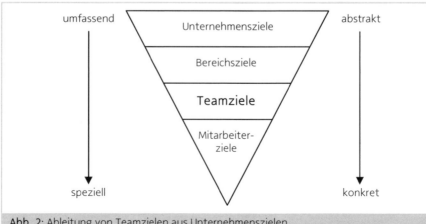

Abb. 2: Ableitung von Teamzielen aus Unternehmenszielen

So werden aus Unternehmenszielen Teamziele

Aus den großen Unternehmenszielen werden Schritt für Schritt kleinere und überschaubare Teilziele hergeleitet.

Beispiel: Ableitung eines Teamziels	
Unternehmensziel	Umsatzsteigerung um 30 Prozent in den nächsten drei Jahren
Bereichsziel Marketing und Vertrieb	Erschließung neuer Märkte zur Absatzsteigerung
Teamziel Marketing Produkt X	Erschließung des spanischsprachigen Markts

Unterhalb der Ebene der Teamziele befinden sich noch die Mitarbeiterziele, die sehr praxisnah, eindeutig beschreibbar und messbar sind (s. Kapitel 3.3.2). Ihre Absicht ist, die einzelnen Teammitglieder zum Handeln zu bewegen. Es ist die Aufgabe des Teamleiters, diese Vorgaben für jeden Einzelnen aus den Teamzielen herzuleiten und sie mit seinen Mitarbeitern zu diskutieren. Gleichzeitig muss er aber das übergreifende Teamziel im Auge behalten.

Aufgaben, die gut im Team zu lösen sind

Echte Teamaufgaben sind solche, die
- nicht lösbar sind, wenn Einzelpersonen daran arbeiten oder Personen, die nur lose miteinander verbunden und schwer zu koordinieren sind,
- für das Unternehmen eher neuartig sind,
- eine innovative oder kreative Zielsetzung aufweisen,
- fachlich schwierig oder nur fachübergreifend lösbar sind.

Teamzielarten		
Zielart	Erläuterung	Beispiel
Beitragsziele	Beitragsziele leisten einen direkten Beitrag zu übergeordneten Zielen des Unternehmens oder zu einem Bereich.	Wir eröffnen eine Niederlassung in Frankreich und führen diese binnen drei Jahren in die schwarzen Zahlen.

Teamzielarten		
Zielart	Erläuterung	Beispiel
Aufgabenziele	Aufgabenziele lassen sich direkt aus dem Teamauftrag ableiten.	Wir entwickeln bis Ende 2009 ein ganzheitliches Versicherungspaket für Existenzgründer.
Quantitative Ziele	Quantitative Ziele sind Messgrößen der betriebswirtschaftlichen Bewertung wie Umsatz, Kosten, Qualitätskennziffern, Deckungsbeitrag etc.	Wir erhöhen den Deckungsbeitrag der Kfz-Sparte um 10 Prozent.
Qualitative Ziele	Qualitative Ziele, die auch quantifiziert werden müssen, aber nicht immer eindeutig messbar sind, z. B. Konzeptentwicklung, Ziele der Personal- und Organisationsentwicklung.	Wir bieten jährlich zehn hochwertige Seminare für den Verkaufsaußendienst an.

Richtlinien für die Teamziele

Folgende Richtlinien haben sich bewährt, wenn es darum geht, Ziele für ein Team zu erstellen:
- Die Ziele sind realistisch und fordernd zugleich festzulegen.
- Sie sollen einen deutlich zu erkennenden und sinnvollen Beitrag zu den Unternehmenszielen leisten können.
- Die Ziele werden schriftlich festgehalten.
- Es handelt sich um messbare Ziele.

3.1.2 So verhindern Sie, dass unterschiedliche Interessen aufeinanderstoßen

Teamziele sind oft an Schnittstellen gelagert. Damit berühren sie oft unterschiedliche Unternehmensbereiche, wie z. B. Marketing, Produktion, Dienstleistung, Personal und Organisation. Das kann schnell zu Konflikten führen: Während die einen versuchen, die Kosten zu minimieren, planen andere groß angelegte Marketingkampagnen zur Absatzsteigerung. Dann ist es wichtig, die Hauptstoßrichtung zu kennen, der die Teamarbeit dienen soll. Aus ihr ergibt sich, welcher Punkt Priorität besitzt.

Welche Bereiche bestimmen die Ziele?

In Unternehmen werden Ziele in der Regel aus den vier folgenden Feldern abgeleitet:

Markt und Absatz	Soll und Haben
- Erschließen von neuen Geschäftsfeldern - Marktbeobachtung - Unternehmenskommunikation u. Ä.	- Ergebnis - Umsatz - Kosten - Deckungsbeitrag u. Ä.
Produktion/Dienstleistung	**Personal und Organisation**
- Mengensteigerung - Qualitätsverbesserung - Serviceoffensive - Produktentwicklung u. Ä.	- Verbesserung der Ablauforganisation - Führungsqualität - Organisationsentwicklung u. Ä.

Warum die Zuordnung sinnvoll ist

Aufgrund der bereits angesprochenen Schnittstellencharakteristik von Teams korrespondieren viele Ziele nicht nur mit einem der vier Felder. Dennoch ist es sinnvoll und wichtig, Teamziele bewusst den vier Feldern zuzuordnen und dies auch allen Teammitgliedern zu verdeutlichen:

- Der Blick für „das große Ganze" wird so geschärft.
- Entscheidungen lassen sich präziser treffen.
- Es ist einfacher, Prioritäten und Teilziele zu erkennen.
- Die Einordnung wird motivierend, weil den Teammitgliedern der Sinn des eigenen Handelns klar wird.

3.1.3 Wie viele Ziele sollten Sie vereinbaren?

Welche Anzahl an Zielen für ein Team ideal ist, lässt sich nicht eindeutig beantworten. Denn hier spielt die Mannschaftsstärke ebenso hinein wie die Qualifikation der einzelnen Teammitglieder. Auch die Zeit, die zur Verfügung steht, ist ein wichtiger Faktor. Und nicht zuletzt sind Teammitglieder häufig noch an anderer Stelle in das Unternehmen eingebunden, z. B. in einem weiteren Team oder in ihrer Linienfunktion. Als Faustregel kann gelten: Eine Anzahl von fünf bis sieben Zielen bzw. Teilzielen ist groß genug, um ein Team nicht zu überfordern, es andererseits aber genügend auszulasten. Das Oberziel eines Teams sollte möglichst in einem klaren Satz zum Ausdruck kommen. Diesem Oberziel müssen sich die entsprechenden Teilziele unterordnen.

Kompetenztest: Teamziele einordnen

Überlegen Sie folgende Punkte:
Welche Ihrer Unternehmensziele sind für die Arbeit Ihres Teams am bedeutsamsten?

Wie lautet Ihr exakter Teamauftrag?

Was sind die Unterziele Ihres Teams?

Kompetenztest: Teamziele analysieren

Nehmen Sie Ihren Teamauftrag zur Hand und versuchen Sie, die folgenden Fragen zu beantworten:

Welche Ziele ergeben sich aus dem Auftrag?

Beitragsziele

Aufgabenziele

Quantitative Ziele

Qualitative Ziele

Ordnen Sie nun die einzelnen Ziele den vier Bereichen der Unternehmensziele zu.

Markt und Absatz

Soll und Haben

Produktion/Dienstleistung

Personal und Organisation

3.2 Führen Sie Ihr Team mit Zielen

Viele Teamleiter gehen davon aus, dass jedes Teammitglied automatisch weiß, was es zu tun hat. Das ist in der Regel aber nicht der Fall. Wenn man eine Führungskraft und einen zugeordneten Mitarbeiter jeweils zu diesem Thema befragt, dann wissen beide mit Gewissheit, welche Ziele der Mitarbeiter zu verfolgen hat — und mit derselben Sicherheit stimmt das, was beide schildern, nicht überein. Um solche Unstimmigkeiten und Missverständnisse zu verhindern, muss der Teamleiter Transparenz herstellen: Wer verfolgt welche Ziele und Aufgabe(n)?

3.2.1 So vermitteln Sie Ihren Mitarbeitern sinnvolle Ziele

Damit Ziele dem täglichen Tun Sinn geben können, müssen sie einen klaren Bezug zu den Zielen des Teams und damit letztlich zu denen des Unternehmens haben (s. Kapitel 3.1.1). Schritt für Schritt können aus umfassenden, eher abstrakten Zielen des Unternehmens individuelle Ziele für jeden Mitarbeiter bestimmt werden.

Mitarbeiterziele aus Unternehmenszielen herleiten
Nachdem zunächst die Teamziele erarbeitet wurden, gilt es nun, aus übergeordneten Unternehmenszielen konkrete Ziele für die einzelnen Mitarbeiter abzuleiten.

Beispiel: Ableitung eines Mitarbeiterziels	
Unternehmensziel	Umsatzsteigerung um 30 Prozent in den nächsten drei Jahren
Bereichsziel Marketing und Vertrieb	Erschließung neuer Märkte zur Absatzsteigerung
Teamziel Marketing Produkt X	Erschließung des spanischsprachigen Markts
Mitarbeiter Müller	Erarbeiten einer Marketing-Kampagne zur Produkteinführung im Pilotmarkt Y
Mitarbeiter Schulz	Erstellen einer Marktstudie und Konkurrenzanalyse des Pilotmarkts Y

Die Ziele auf dieser Ebene sind von Mitarbeiter zu Mitarbeiter verschieden. Schließlich arbeitet jedes Teammitglied in einem anderen Bereich und ist für ein anderes Gebiet Spezialist.

Unterscheiden Sie zwischen Ziel und Aufgabe

Im nächsten Schritt werden die mit den Zielen verbundenen Aufgaben festgelegt. Dies geschieht zyklisch: Teamleiter und Teammitglied beurteilen den zurückliegenden Zeitraum und besprechen vor dem Hintergrund des aktuellen Stands der Dinge die neuen Ziele und Aufgaben.

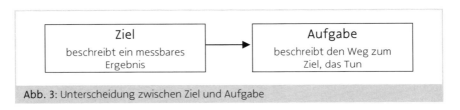

Abb. 3: Unterscheidung zwischen Ziel und Aufgabe

Kompetenztest: Vom Ziel zur Aufgabe

Überlegen Sie sich anhand der Teamziele, welche Ziele Ihr wichtigster Mitarbeiter verfolgt. Diskutieren Sie dann gemeinsam mit Ihrem Mitarbeiter, welche Aufgaben sich aus diesem Ziel ergeben und halten Sie das Ergebnis schriftlich fest.

3.2.2 Weshalb Sie einen Dialog über die Ziele führen sollten

Es ist sinnvoll, im Dialog mit dem Teammitglied dessen individuelle Ziele aus den Teamaufgaben abzuleiten, statt sie ihm einfach zu präsentieren. Wenn eine solche Zielabsprache systematisch und regelmäßig erfolgt, können sowohl Teamleiter als auch Mitarbeiter Nutzen daraus ziehen.

Vorteile des Zieldialogs für den Teamleiter

Aus der Sicht des Teamleiters ergeben sich die folgenden Vorteile:
- Der Zieldialog schafft Transparenz über die Ziel- und Aufgabenaufteilung innerhalb der eigenen Organisationseinheit.
- Er ermöglicht planvolles Handeln.

- Er deckt Zielkonflikte auf.
- Er stärkt das Leistungs-, Kosten- und Terminbewusstsein der Mitarbeiter.
- Er fördert die Eigeninitiative der Teammitglieder.
- Er ermöglicht eine objektive Leistungsbeurteilung.
- Er konkretisiert einen eventuellen Weiterbildungs- und Entwicklungsbedarf.
- Er intensiviert und verbessert die Kommunikation.
- Er ermöglicht eine bessere Abstimmung untereinander und mit anderen Bereichen.

Wieso auch Teammitglieder vom Zieldialog profitieren

Auch für den Mitarbeiter sind mit einem klaren Zieldialog deutliche Vorteile verbunden:

- Er erhält eine offene Rückmeldung darüber, wie seine eigene Leistung eingeschätzt wird.
- Er erhält die Möglichkeit, mit dem Teamleiter über Aufgaben, Ziele und Handlungsspielräume zu diskutieren.
- Transparenz über die Erwartungen an die eigene Person und die Zielsetzungen der Firma und des Teams wird geschaffen.
- Er bekommt durch fortlaufende Standortbestimmung Sicherheit.
- Die Erreichung von Teilzielen vermittelt ihm Erfolgserlebnisse.
- Er erhält Selbstbestätigung durch die Bewältigung anspruchsvoller Aufgaben.
- Er kann sich durch gezielte Kompetenzentwicklung selbst verwirklichen.
- Ihm wird selbstständiges Handeln und Selbststeuerung ermöglicht.

3.3 So vereinbaren Sie mit Ihren Teammitgliedern Ziele

Grundsätzlich gilt: Zielvereinbarung statt Zielvorgabe. Bei einer Zielvereinbarung legen Teamleiter und Mitarbeiter gemeinsam die anzustrebenden Ergebnisse für einen bestimmten Zeitraum in knapper schriftlicher Form fest. Dabei gilt es, die Ziele in einer eindeutigen, motivierenden Form zu formulieren, um Klarheit und Messbarkeit für eine spätere Beurteilung zu schaffen. Denn eine Zielvereinbarung ist nur in Verbindung mit einer Beurteilung sinnvoll: Wieso sollte sich ein Mitarbeiter bemühen, eine Vorgabe tatsächlich zu erfüllen und ein Ziel zu erreichen, wenn keine Überprüfung stattfindet? Erst wenn hier eine Kontrolle mit nachvollziehbaren Kriterien stattfindet, kann auch ein positives Feedback und damit Motivation ausgelöst werden.

3.3.1 So vereinbaren Sie mit Ihrem Mitarbeiter Ziele

Damit eine Zielvereinbarung ihren Zweck, nämlich Eindeutigkeit zu schaffen und Motivation des Teammitglieds zu ermöglichen, erfüllen kann, sollte der Teamleiter vor und während des Gesprächs einige grundsätzliche Punkte beachten.

Nehmen Sie sich Zeit für die Vorbereitung des Gesprächs
Bevor der Teamleiter seinen Mitarbeiter zum Gespräch über die künftigen Ziele einlädt, sollte er sich gut vorbereiten. Immerhin gilt es, die „Marschrichtung" für die kommende Zeit festzulegen. Der Vorgesetzte sollte daher überlegen, welche Ziele er persönlich für den Mitarbeiter sieht. Dabei kommen drei Quellen infrage.

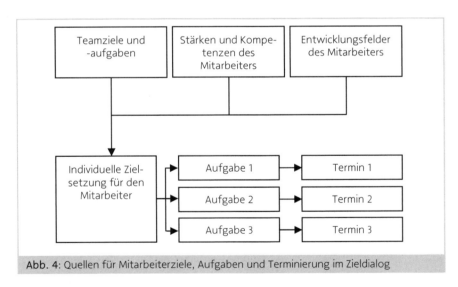

Abb. 4: Quellen für Mitarbeiterziele, Aufgaben und Terminierung im Zieldialog

In sechs Schritten zur gemeinsamen Zielvereinbarung
1. Es ist sinnvoll, dass der Teamleiter gleich zu Beginn die Oberziele, die aktuell für das Team bestehen, erläutert und sich dabei auf die Rolle, die das Teammitglied dabei spielt, bezieht.

2. Der Mitarbeiter erhält die Gelegenheit, seine eigenen Vorstellungen hinsichtlich der persönlichen Zielsetzungen zu äußern. Diese sollten schriftlich festgehalten werden.
3. Der Teamleiter legt vor dem Hintergrund der gemeinsam angestrebten Oberziele dar, welche Ziele er selbst sieht, und begründet seine Überlegungen. Auch hier ist eine schriftliche Fixierung zweckmäßig.
4. Teamleiter und Teammitglied beurteilen gemeinsam, welche der aufgeführten Ziele realistisch sind. Dabei werden auch die zu erledigenden Aufgaben festgelegt.
5. Die Aufgaben werden terminiert und schriftlich fixiert.
6. Beide Gesprächspartner, Teamleiter und Teammitglied, unterzeichnen die Zielvereinbarung und schaffen so Verbindlichkeit.

Arbeiten Sie mit Vorlagen

Um die Zielvereinbarung verbindlich zu machen und keinen Punkt zu vergessen, sollte der Teamleiter auf standardisierte Formulare zurückgreifen, die er sicher aufbewahrt (den Vordruck finden Sie im Anhang des Buchs als Kopiervorlage).

Beispiel: Zielvereinbarung für den Mitarbeiter/die Mitarbeiterin

Name: *Klaus Schulz*

Zeitraum von: *01.07.20XY*   bis: *30.06.20XY*

Ziel Nr. *1: Erstellen einer Marktstudie und Konkurrenzanalyse des Pilotmarkts Y*

Teilziele:
1. Eruieren des Marktpotenzials für das Produkt X im Pilotmarkt Y
2. Analyse und Einschätzung der verschiedenen Zielgruppen des Produkts X im Pilotmarkt Y
3. Einschätzung der Konkurrenz

Aufgaben:
1. Auswahl und Briefing eines geeigneten Marktforschungsinstituts für den Pilotmarkt Y
2. Sichtung und Zusammenfassung aller Informationen zur Konkurrenzsituation: Informationen durch die Konkurrenz (Website, Firmen- und Produktbroschüren, Pressemitteilungen etc.), fremde Informationen über die Konkurrenz (Presseberichte, Auskunfteien, Analystenkommentare etc.), unabhängige Studien zum Markt etc.
3. Analyse der Zielgruppen im Pilotmarkt Y hinsichtlich Konsum-, Ausgaben- und Nutzungsverhalten in Bezug auf Produkt X

Wer ist an der Zielerreichung beteiligt?

Herr Schulz erhält für die Sichtung und Zusammenfassung (Aufgabe 2) Unterstützung durch eine Aushilfskraft (15 Stunden die Woche).

Erwartungen an den Teamleiter zur Unterstützung der Zielerreichung:

Die Bewilligung für das zugesicherte Budget für das Marktforschungsinstitut (Aufgabe 1) wird durch den Teamleiter, Holger Frei, bis zur KW 28 eingeholt.

Mit dem Ziel verbundene Entwicklungsmaßnahmen:

Herr Schulz nimmt an einem Sprachkurs „Business-Spanisch" teil, um seine Spanisch-Kenntnisse auszubauen.

Kompetenztest: Vorbereitung auf Zielvereinbarung

Bevor Sie in das nächste Zielvereinbarungsgespräch mit einem Ihrer Teammitglieder gehen, klären Sie die folgenden Fragen:

Welches Oberziel verfolgt mein Team?

Welches Ziel ergibt sich für das Teammitglied?

Welche Aufgaben sind zu bearbeiten, um das Ziel zu erreichen? Bis zu welchem Zeitpunkt muss dies erfolgt sein, um das Oberziel termingerecht zu erreichen?

Welche Stärken und Kompetenzen bringt mein Teammitglied mit, um die Aufgaben zu bearbeiten?

An welchen Punkten besteht beim Teammitglied noch Entwicklungsbedarf?

Welche Aufgaben und Termine ergeben sich aus diesen Vorüberlegungen konkret für das Teammitglied?

Mit welchen Einwänden des Teammitglieds muss ich vermutlich rechnen?

Welche Vorstellungen werden voraussichtlich von meinem Teammitglied an mich herangetragen?

3.3.2 Formulieren Sie Ziele, die motivieren

Wer seine Ziele mit der SMART-PURE-CLEAR-Methode formuliert, verhindert die häufigsten Fehler, die bei der Zielvereinbarung vorkommen:

- Ziele werden zu hoch oder zu niedrig gesteckt,
- die Erfüllungszeiträume werden zu lang oder zu kurz bestimmt,
- die Zielerreichung ist nicht messbar,
- der Aufwand, um die Zielerreichung zu messen, ist zu hoch.

Zielformulierung: SMART — PURE — CLEAR	
S	pezific (spezifisch)
M	easurable (messbar)
A	ttainable (erreichbar)
R	ealistic (realistisch)
T	ime phased (zeitlich untergliedert)
P	ositively stated (positiv formuliert)
U	nderstood (verstanden)
R	elevant (relevant)
E	thical (moralisch)
C	hallenging (herausfordernd)
L	egal (legal)
E	nvironmental sound (umweltverträglich)
A	greed (akzeptiert)
R	ecorded (protokolliert)

3.3.3 Zielvereinbarung und Leistungsbeurteilung gehören zusammen

Zielvereinbarung und Leistungsbeurteilung verlaufen stets zyklisch. Als Länge für einen Beurteilungszeitraum gilt oft ein Jahr, sie kann aber je nach der Beschaffenheit der Ziele stark variieren.

So definieren und vereinbaren Sie Ziele

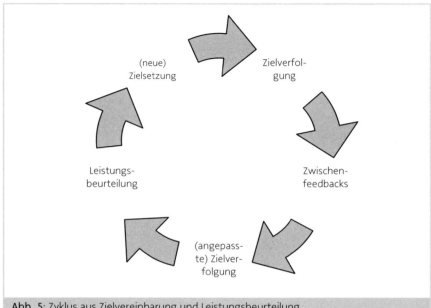

Abb. 5: Zyklus aus Zielvereinbarung und Leistungsbeurteilung

Zielvereinbarung als Voraussetzung

In vielen Unternehmen sind Zielvereinbarung und Leistungsbeurteilung mittlerweile eng miteinander verknüpft. Oft hängen Gratifikationsleistungen wie etwa Zusatzvergütungen an der Erreichung der Vorgaben und an der Beurteilung. Dies ist umso sinnvoller, je stärker sich der Mitarbeiter für die Erreichung der Ziele verantwortlich fühlt und je weniger die „unberechenbare" Außenwelt auf seine Arbeit einwirken kann. Das zeigt, dass Fingerspitzengefühl notwendig ist, wenn Zielvereinbarungs- und Beurteilungssysteme entwickelt und gehandhabt werden.

> **Expertentipp: Regelmäßiges Feedback**
>
> Selbstverständlich sollte das Zielvereinbarungs- und Beurteilungsgespräch nicht das einzige verbindliche Gespräch zwischen dem Teamleiter und seinen Mitarbeitern im Laufe des Jahres sein. Vielmehr sind regelmäßige Gespräche und Feedbackrunden zwischen den Beurteilungsterminen unbedingt notwendig.

4 So stellen Sie ein effizientes Team zusammen

Sind die Ziele einmal definiert, kann das Team zusammengestellt werden. Die richtige Auswahl der Teammitglieder bildet die Grundlage für den späteren Erfolg des Teams. In diesem Kapitel erfahren Sie, wie es Ihnen gelingt, von Beginn an die richtigen Mitarbeiter in das Team einzubinden. Streben Sie von Anfang an eine Idealbesetzung Ihres Teams an, um die bestmöglichen Vorraussetzungen zu schaffen, damit Ihr Team die anstehenden Herausforderungen auch meistern kann. Dabei müssen Sie als Teamleiter eine ganze Reihe von Faktoren berücksichtigen:

- Welche Aufgaben muss das Team in welcher Zeit und welcher Güte im Einzelnen erledigen?
- Welche Fachkenntnisse und Fertigkeiten werden dafür gebraucht?
- Wer verfügt über solche Fachkenntnisse?
- Aus wie vielen Mitgliedern soll das Team bestehen?

Aber nicht nur solche „harten" Faktoren spielen für die Teamzusammensetzung eine Rolle. Ebenso wichtig ist die Rollenverteilung der Teammitglieder untereinander und die soziale Komponente.

- Wer hat nicht schon mal ein Team erlebt, in dem alle Mitarbeiter fleißig und bemüht bei der Sache waren, aber kein Teammitglied kreative Lösungen entwickeln konnte oder wollte?
- Oder umgekehrt: Dass in einem Team zwar die Ideen sprudelten, aber niemand sich um die Umsetzung in die Realität kümmerte?

Um solche Fehlschläge zu vermeiden, muss ein ausgewogenes Verhältnis zwischen den unterschiedlichen Rollen, die in einem Team auftreten, herrschen. Lesen Sie in diesem Abschnitt, welche verschiedenen Rollen es in einem Team gibt und wie Sie die richtige Balance unter Ihnen herstellen können.

4.1 Wie groß sollte Ihr Team sein?

Bevor es daran geht, einzelne Kollegen für die Teamarbeit zu gewinnen, muss der Teamleiter zunächst einmal klären, wie groß sein Team sein soll. Viele Menschen neigen hier zu der Annahme: Viel hilft viel — und versuchen, ein möglichst großes Team zusammenzustellen. Dahinter steht die Hoffnung, so für jedes fachliche Problem einen Experten an der Hand zu haben, der es umgehend lösen kann. Teams, die zu komplex sind, bergen allerdings in der Regel erhebliches Konfliktpotenzial und sind nur schwer handhabbar.

> **Expertentipp: Teamauftrag ist entscheidend**
>
> Machen Sie die Teamgröße in erster Linie vom Umfang des Teamauftrags abhängig. Es ist wenig sinnvoll, all jene ins Team zu holen, die gern „mitmachen" möchten. Es ist dem Erfolg der Arbeit nicht zuträglich, die Gruppe aus Höflichkeit zu vergrößern.

4.1.1 Welche Mitgliederzahl ist ideal?

Zu wenig oder zu viel? — Oft lässt sich die Frage nach der idealen Teamgröße gar nicht so genau beantworten. Wenn ein Team sein Ziel nur eingeschränkt erreicht, liegt es dann an der mangelnden Arbeitskraft, oder sind es womöglich zu viele Köche, die den Brei verderben?

Bilden Sie Teams mit sieben bis acht Mitgliedern

Untersuchungen haben gezeigt, dass die Leistung eines Teams nicht automatisch dadurch steigt, dass mehr Menschen daran teilnehmen. Im Gegenteil — eine zu große Anzahl an Mitgliedern kann sogar kontraproduktiv sein.

> **Beispiel: Mannschaftsstärke und Leistungssteigerung**
>
> Eine Mannschaft beim Tauziehen zeigt folgendes Phänomen: Bis zu einer Stärke von sieben Personen steigt die gemeinsame Zugkraft geradlinig an. Ab der achten Person nimmt die Kraft weniger stark zu. Ab der elften Person nimmt die Kraft sogar wieder ab: Hier fressen die zunehmenden Reibungsverluste durch unkoordiniertes „Zerren" den Zugewinn an Kraft auf.

Das Beispiel zeigt, wie wichtig die richtige Teamgröße ist. Erfahrungsgemäß erreicht eine Gruppe von sieben bis acht Personen ihre kritische Größe.

4 Wie groß sollte Ihr Team sein?

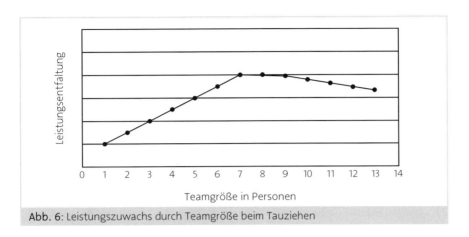

Abb. 6: Leistungszuwachs durch Teamgröße beim Tauziehen

Größere Gruppen sind nur bei festen Rollen möglich

Nur bei sehr stringent festgelegten Rollen — z. B. in einer Fußballmannschaft — sind auch mehr Personen noch steuerbar. Übrigens ist es bei erfahrenen Management-Trainern nicht üblich, mehr als zwölf Teilnehmer in einer Trainingsgruppe zuzulassen, damit der Lernerfolg und die Führbarkeit der Gruppe gesichert bleiben.

4.1.2 Was passiert, wenn Gruppen zu groß sind?

Wenn die Gruppe zu groß wird, fühlen die Menschen sich darin nicht mehr wohl. Es gibt zu viele Akteure, die es einzuschätzen gilt, mit denen interagiert werden muss. Die Mitglieder der Teams können die Situation nicht mehr vollständig überblicken und verstehen.

Kleingruppen entstehen aus Unsicherheit

Auf diesen Umstand reagieren sie mit einer logischen Konsequenz und finden sich in Kleingrüppchen von zwei bis maximal fünf Personen neu zusammen. Diese sind überschaubar, jeder Einzelne ist schneller als Mensch zu erkennen. Das vermittelt die in der Ausgangssituation vermisste Vertrautheit und Sicherheit.

Vermeiden Sie die Spaltung der Gruppe in „Wir" und „Ihr"

Solche neu entstandenen Strukturen werden in ihrer Bindung schnell fester und verbindlicher als die der eigentlichen Ursprungsgruppe. Der Grundstein der destruktiven Unterscheidung in ein „Wir" und „Ihr" innerhalb einer Gruppe ist gelegt. Plötzlich sind es „die da hinten", die nicht richtig ziehen, und „die da vorn", die nicht sagen, wann es losgeht, um noch einmal das Bild des Tauziehens zu benutzen.

Checkliste für die richtige Teamgröße	Ja
Das Team kann sich ohne großen Aufwand spontan versammeln oder miteinander kommunizieren.	
Allen ist die Verteilung von Rollen und Aufgaben im Team bekannt.	
Jeder kann sich aktiv beteiligen — es fällt auf, wenn jemand nur „konsumiert".	
Jeder hat die Chance, das Wort zu bekommen.	
Es ist eine konstruktive Dynamik im Team — die Zeit in den Besprechungen wird von allen nicht nur abgesessen.	
Das Team als solches ist eher wahrnehmbar als darin eingelagerte Zweier- und Dreiergrüppchen.	
Es gibt echte Teambesprechungen, in denen alle Teilnehmer aktiv mitwirken — nicht nur zwei oder drei.	

4.2 Welche Rollen sollten Sie besetzen?

Bei der Auswahl der künftigen Teammitglieder gilt es, verschiedene Aspekte zu berücksichtigen. Zum einen sollen die Kandidaten über ausreichende Kompetenzen verfügen. Darüber hinaus liegt die Stärke einer solchen Gruppe vor allem darin, dass Personen mit unterschiedlichsten Qualitäten, die sich gegenseitig ergänzen, miteinander arbeiten. Der Auswählende muss also jedes mögliche Teammitglied sowohl hinsichtlich seiner Fähigkeiten als auch seiner potenziellen Rolle im Team überprüfen. Um noch einmal das Beispiel aus dem Fußball zu verwenden: Eine Mannschaft, die ausschließlich aus Weltklassestürmern besteht, wird zwar mit großen Namen, nicht aber mit großen Erfolgen beeindrucken.

4.2.1 Berufen Sie verschiedene Typen in Ihr Team

Menschen nehmen in Gruppen verschiedene Rollen ein, wie etwa die des Ideengebers oder des Helfers. Solche Rollen sind vielfältig und treten nur selten idealtypisch auf. Trotzdem können einige Profile bestimmt werden, die das mensch-

Welche Rollen sollten Sie besetzen? **4**

liche Verhalten in Gruppen beschreiben. Alle diese Rollen haben einerseits Qualitäten, die eine erfolgreiche Teamarbeit fördern, und andererseits Eigenschaften, die dieser eher im Wege stehen.

Welche Teamtypen gibt es?
Grundsätzlich lassen sich acht Typen von Teammitgliedern unterscheiden:
- Prototyper
- Kraftmotor
- Zuverlässiger
- Detaillist
- Helfer
- Sammler
- Ideengeber
- Stratege

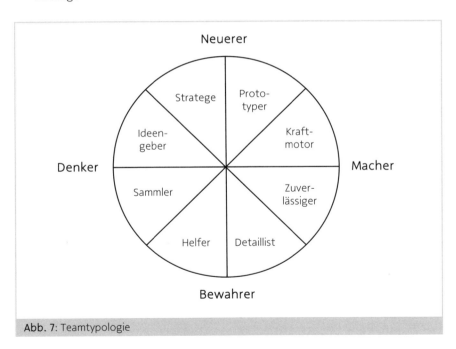
Abb. 7: Teamtypologie

Die idealtypische Besetzung solcher Rollen ist die Ausnahme. Vielmehr repräsentieren alle Menschen verschiedene Felder unterschiedlich stark, sind also ebenso Stratege wie Helfer — nur in unterschiedlichem Maße. Die Ausprägung ist auch abhängig davon, welche anderen Rollen bereits besetzt sind, wie der Mitarbeiter sein eigenes Engagement in der Sache sieht und wie die Rahmenbedingungen das Geschehen im Team beeinflussen.

Gegensätzlichkeit ist von Vorteil für das Team

Die Hauptachsen, um die sich das differenziertere Typenspektrum verteilt, sind Neuerer und Bewahrer sowie Denker und Macher. Diese beiden Gegensatzpaare sind komplementär zueinander, d. h., sie ergänzen sich. Es wäre falsch, hier eine Bewertung vorzunehmen, denn es gibt kein „gutes" oder „schlechtes" Ende, da der Erfolg des Teams gerade in der Gegensätzlichkeit seiner Mitglieder begründet liegt.

Warum bilden gerade die Dimensionen Neuerer und Bewahrer sowie Denker und Macher die Pole des Typenspektrums? Sie repräsentieren die wesentlichen Grundbedürfnisse des Menschen und ergänzen sich so zu einem funktionierenden Ganzen.

Bewahrer und Neuerer repräsentieren die Bedürfnisbilanz

Zwischen den beiden Polen Bewahrung und Neuerung pendelt die aktuelle Bedürfnisbilanz von Menschen.

- Die Rolle des Bewahrers entspringt dem Bedürfnis nach Sicherheit. Menschen können jene Dinge, die sie bereits kennen, einfach in Anspruch nehmen. Diese stellen keine Bedrohung dar, mit ihnen müssen sie sich nicht ständig beschäftigen. Das setzt Kapazitäten frei — auch für die Neuerung.
- Die Seite der Neuerer repräsentiert das Bedürfnis nach Weiterentwicklung und Selbstverwirklichung. Viele Menschen wollen nicht tagaus, tagein dieselben Tätigkeiten ausführen. Sie würden sich dabei langweilen und suchen daher die Veränderung.

Diese Aufteilung ist situativ zu sehen: Niemand ist in allen Lebensbereichen ständig nur Neuerer oder nur Bewahrer.

> **Beispiel: Bedürfnisbilanz**
>
> Ein Mann schätzt bei der Arbeit die Sicherheit und ist daher nur ungern bereit, neue Verfahren und Lösungsansätze auszuprobieren. Im Job setzt er lieber auf das Altbewährte, das er kennt und von dem er weiß, dass es funktioniert. Hier ist er vom Typ her eher ein Bewahrer.
>
> Der gleiche Mann hat in seiner Freizeit jedoch das Bedürfnis, zu experimentieren und seine Kreativität auszuleben. Deshalb übt er nicht nur eine riskante Sportart aus, sondern hat sich zudem ein künstlerisches Hobby zugelegt. In seiner Freizeit ist er also überwiegend ein Neuerer.

Die Persönlichkeit bestimmt, ob jemand Macher oder Denker ist

Die Dimension zwischen Macher und Denker bildet eher eine persönlichkeitstypische Komponente ab.

- Auf der Macher-Seite finden sich impulsive Menschen, die der ersten Eingebung folgen, auf den Bauch hören und lieber irgendetwas als gar nichts tun. Sie sind der grundsätzlichen Meinung, dass die Umwelt gestaltet werden muss.
- Die Seite der Denker wird dagegen durch die reflektierenden Menschen besetzt, die eher analytisch veranlagt sind. Sie durchschauen die Dinge tiefer als die Impulsiven, wollen sie aber weniger gestalten — denn in ihrer Reflexion erkennen sie auch sehr häufig, dass es weder Schwarz noch Weiß, Ja oder Nein gibt. Ihnen fällt eine Entscheidung umso schwerer, je mehr sie über etwas nachgrübeln.

Zu welchem Grundtyp gehört der Mitarbeiter?

Ob jemand zum Grundtypus Macher oder Denker, zu den Neuerern oder den Bewahrern gehört, lässt sich an typischen Verhaltensweisen erkennen. Bei der Auswahl von Teammitgliedern kann es daher sinnvoll sein, anhand einer Checkliste zu überprüfen, welcher Typ vor einem sitzt. Dieses Wissen kommt später wieder zum Einsatz, wenn es um die konkrete Zusammenstellung der Mannschaft und eine gelungene Mischung aller Typen geht.

Checkliste: Macher oder Denker?

Macher		Denker
	Eine Tätigkeit …	
☐ … wird einfach in Angriff genommen.	… wird zunächst durchdacht und auf ihre Konsequenzen hin überprüft.	☐
	Zeit der Nichtauslastung …	
☐ … ist eher unangenehm.	… ist willkommen, um zu planen.	☐
	Diskussionen …	
☐ … werden schwer ertragen.	… werden gern und detailliert geführt.	☐
	Zitat	
☐ „Besser irgendetwas tun als nichts tun."	„Besser einmal zuviel als einmal zuwenig gedacht."	☐

Checkliste: Neuerer oder Bewahrer?

Neuerer		Bewahrer
	Eine Innovation	
☐ … wird sofort tiefgreifend und grundsätzlich überlegt.	… wird lieber zunächst in der Verbesserung des Bestehenden gesucht.	☐
	Von Neuem zu überzeugen …	
☐ … ist eher einfach.	… dauert eher lange. Erst der Beweis, dass es besser ist, wirkt.	☐
	Reflexionen …	
☐ … hinterfragen das Alte nach kritischen Punkten und das Neue nach Positivem.	… hinterfragen das Neue nach Kritischem und das Alte nach Erhaltenswertem.	☐
	Zitat	
☐ „Und wenn wir das gemacht haben, können wir als Nächstes …"	„Damit sind wir gar nicht schlecht gefahren. Wir wissen, woran wir sind."	☐

! Expertentipp: Alle Grundtypen sind wichtig

Es ist nicht möglich, eine bestimmte Ausprägung einer anderen vorzuziehen. Jede hat ihre Berechtigung. Ohne Neuerung wird es keinen Fortschritt geben und ohne Bewahrung keine Kontinuität. Ohne Denker gibt es keine Lösungen und ohne Macher bleibt alles, wie es ist.

> Für die Teamarbeit gilt es, den Wert der unterschiedlichen Prototypen zu erkennen und so miteinander zu kombinieren, dass ein ausgewogenes Gleichgewicht aus Machen, Denken, Bewahren und Erneuern entstehen kann.

4.2.2 So können Sie die Rollen beschreiben

Teamarbeit erfordert viele verschiedene Fähigkeiten. So können die verschiedenen Aufgaben z. B. lauten, Konzepte und Strategien zu entwickeln, Daten aus verschiedenen Quellen zusammenzutragen sowie die gemeinsam getroffenen Entscheidungen umzusetzen. Mit einer geschickten Teamzusammensetzung gelingt es, all diese Tätigkeiten den jeweils richtigen Personen zu übertragen. In einem idealen Team wird jede der acht Teamrollen (Prototyper, Kraftmotor, Zuverlässiger, Detaillist, Helfer, Sammler, Ideengeber, Stratege) durch mindestens einen Mitarbeiter ausgefüllt.

Der Prototyper: Gezielte Umsetzung von Vorgaben

Der Prototyper arbeitet handlungsorientiert und energisch daran, Ideen in die Realität umzusetzen. Neuem gegenüber ist er aufgeschlossen, eine typische Aussage von ihm ist z. B. „Das ist eine gute Idee, lasst es uns so versuchen …" Dieser Teamtyp macht ungern zweimal dasselbe: Wenn etwas funktioniert hat, wird es uninteressant. Eine Sache, die er bereits kennt, langweilt ihn schnell. Der Prototyper selbst ist nur wenig visionär, kann aber die Führung durch Strategen zulassen.

Im Team arbeitet er gut mit eben diesem Strategen sowie dem Ideengeber zusammen, deren Vorgaben er umsetzt. Durch den Helfer fühlt er sich unterstützt und von der Energie des Zuverlässigen kann er profitieren.

> **Expertentipp: Aufgaben für den Prototypen**
>
> Den Prototypen können Sie gut im Team gebrauchen, wenn es darum geht,
> - Ideen in die Tat umzusetzen,
> - zwischen Entwurf und Routine zu koordinieren,
> - pragmatische Lösungen zu suchen.

Der Kraftmotor: Etwas effektiv bewegen

Der Teamtypus des Kraftmotors sorgt dafür, dass die Dinge in Bewegung kommen. Er treibt das Team vorwärts, allerdings ist er dabei gelegentlich zu impulsiv und nicht analysierend genug. Rückschläge stecken Kraftmotoren schnell weg, zudem sind sie in Zusagen und Absprachen verbindlich. Bei der Lösungssuche gehen sie allerdings oft zu ungeduldig vor. Sie lassen sich an Aussagen wie „Ja! Wer macht das bis wann? Worauf warten wir noch?" erkennen.

Durch seine Energie ist der Kraftmotor im Team in der Lage, den Helfer zu führen und den Detaillisten an einer Überanalyse zu hindern. Er selbst wiederum zieht Nutzen aus der Kreativität des Ideengebers sowie aus dem strukturierten Vorgehen des Sammlers.

> **Expertentipp: Aufgaben für den Kraftmotor**
>
> Dankbare Aufgaben für einen Kraftmotor sind z. B.
> - Lösungen entwickeln,
> - Verbesserungsvorschläge machen,
> - Abläufe entwerfen.

Der Zuverlässige: Gelebtes Engagement

Der Zuverlässige glänzt vor allem durch seinen unermüdlichen Einsatz, wenn es darum geht, eine Lösung voranzubringen. Er streitet nicht über Vorgehensweisen, sondern „macht einfach" — eine typische Aussage von ihm ist daher auch: „Kein Problem, das übernehme ich!" Allerdings bringt der Zuverlässige selbst nur wenig kreativen Input in das Team, sondern wartet eher ab, bis Ideen und Zuweisungen von anderen Teammitgliedern kommen.

Der Zuverlässige bringt durch sein Engagement das gesamte Team voran, insbesondere kann er den Helfer mitziehen. Gleichzeitig profitiert er selbst von der kreativen Führung durch den Ideengeber und den Strategen.

> **Expertentipp: Aufgaben für den Zuverlässigen**
>
> Den Zuverlässigen können Sie für alles einsetzen, solange dabei keine Langeweile aufkommt und ein Fortschritt zu beobachten ist.

Welche Rollen sollten Sie besetzen? 4

Der Detaillist: Genau bis in die Einzelheiten

Die Stärken des Detaillisten sind seine ungewöhnlich guten analytischen Fähigkeiten und seine Suche nach der hundertprozentigen Lösung. Er arbeitet sehr genau, dadurch sichert er die Qualität der Ergebnisse. In jedem Projekt gibt es auch bewahrenswerte Vorgehensweisen und der Detaillist weiß, wie diese funktionieren und warum sie wichtig sind. Allerdings verharrt er dadurch oft im Bekannten und neigt zu Bedenken. Zudem besteht bei ihm immer die Gefahr, dass er durch seine Detailverliebtheit das Team bremst und über eine Teillösung das große Ziel aus den Augen verliert. Eine Aussage wie „Ich bin mir noch nicht so ganz sicher … was ist denn, wenn …?" ist daher typisch für ihn.

Im Team liefert der Detaillist die Informationen, die der Prototyper benötigt, und hinterfragt dessen Arbeit auch gleich. Für den Strategen hält er den nötigen Bodenkontakt. Um seine Stärken ausspielen zu können, benötigt er die Zuarbeit des Sammlers.

> **Expertentipp: Aufgaben für den Detaillisten** !
>
> Einen Detaillisten brauchen Sie im Team, wenn es darum geht,
> - detaillierte Ablaufpläne, Prozesse und Lösungen auszuarbeiten,
> - verzwickte Teillösungen zu finden und Tüfteleien, bei denen „alles bedacht werden muss", zu Ende zu bringen.

Der Helfer: Gute Ausführung von Aufgaben

Der Helfer ist die „gute Seele", die in jedem Team gebraucht wird. Er realisiert die vorgegebenen Aufgaben, lässt sich gern führen und sichert sowohl die Zielerreichung als auch das Arbeitsklima ab. Bewährte Strukturen werden von ihm gefestigt, da er sie aktiv nutzt. Von ihm sind Sätze zu hören wie etwa: „Wenn ihr meint? Dann machen wir es so." Allerdings zeigt er selbst zu wenig Eigeninitiative und braucht einen Anstoß, um etwas Neues zu versuchen.

Der Helfer bringt das gesamte Team durch seine abrufbare Arbeitskraft voran. Er benötigt die Energie des Kraftmotors und die Kreativität des Ideengebers, um seine Stärken voll ausspielen zu können. Auch mit dem Sammler arbeitet er gut zusammen.

> **Expertentipp: Aufgaben für den Helfer** !
>
> Setzen Sie den Helfer ein für alles, was überschaubar und nachvollziehbar ist.

Der Sammler: Dokumentation des Fortschritts

Obwohl der Typ des Sammlers nur wenig Eigeninitiative für die anstehenden Tätigkeiten aufbringt, spielt er im Team eine wichtige Rolle. Er dokumentiert die Fortschritte und bewahrt Vorgehensweisen auf. Dadurch verhindert er, dass ein Problem wieder und wieder bearbeitet wird. In der Frage „Neu" oder „Alt" ist er eher neutral. Zudem weiß der Sammler, wo etwas steht — das kann in intensiven, hektischen Arbeitsphasen von großem Nutzen sein. Zu erkennen ist der Sammler an Äußerungen wie „Da könnten wir mal bei ... nachschauen." und „Das habe ich extra aufgehoben."

Synergieeffekte ergeben sich in der Zusammenarbeit mit dem Prototyper und dem Kraftmotor, für die der Sammler als Quelle dient. Vom Strategen erhält er seine Zielsetzungen und er selbst gibt die Arbeitsrichtung des Helfers vor.

> **Expertentipp: Aufgaben für den Sammler**
>
> Der Sammler eignet sich für Aufgaben, bei denen es um bekannte Materialien geht, z. B. für eine Ist-Analyse. Daneben sind seine Fähigkeiten gut einsetzbar für
> - die Erstellung von Projektstrukturplänen,
> - den Aufbau von Datenbanken und Handbüchern,
> - das Knowledge-Management für das Team.

Der Ideengeber: Immer für einen Einfall gut

Die Rolle des Ideengebers im Team ist klar: Er liefert den kreativen Input. Auch fremden Lösungen steht er offen gegenüber, kann sie nachvollziehen und weiterentwickeln. Ein wichtiger Nebeneffekt entsteht dadurch, dass er viel nachfragt, um noch besser denken zu können, und dass er damit immer wieder neue Sachverhalte in die Diskussion einbringt. Allerdings befasst er sich in allem lieber mit den Ideen und Möglichkeiten — er packt die Dinge nicht an. Mit der Umsetzung der kreativen Vorschläge sollte er also besser nicht betraut sein. Wenn er typischerweise sagt „Man könnte doch mal versuchen ...", meint er eher „Ihr könntet doch mal machen ..."

In der Zusammenarbeit harmoniert der Ideengeber besonders gut mit dem Strategen, dessen Visionen er in kleinere, verteilbare „Häppchen" umsetzt. Dem Prototyper liefert er so die Vorlagen für die Arbeit. Seinerseits erhält der Ideengeber sehr starke Unterstützung durch den Zuverlässigen.

> **Expertentipp: Aufgaben für den Ideengeber**
>
> Den Teamtypus des Ideengebers können Sie in Ihrer Mannschaft gut gebrauchen, um
> - Lösungen zu entwickeln,
> - Verbesserungsvorschläge zu machen,
> - Abläufe zu entwerfen.

Der Stratege: Mit Begeisterung für die Sache

Der Stratege ist mit seinen gut durchdachten und umsetzbaren Ideen für die Konzeptentwicklung im Team unentbehrlich. Er hält die Visionen im Team aufrecht und lebt Begeisterung für die Sache vor. „Eines Tages wird es so sein, dass …" ist eine Aussage, die für ihn typisch ist. Mit seiner Arbeit setzt er hohe Maßstäbe – an denen er im weiteren Verlauf auch festhält. In schwierigen Phasen zeigt er den anderen Teammitgliedern das „Licht am Ende des Tunnels" auf. Allerdings kann es vorkommen, dass seine Visionen mit der Realität und der Umsetzbarkeit kollidieren. Zudem hat er gelegentlich zu wenig Anerkennung und Respekt für das Bewahrenswerte, sondern neigt zum „Neuen um jeden Preis".

Der Stratege ist in der Lage, den Zuverlässigen und den Macher zu begeistern und den Helfer zu motivieren. Er selbst wird vom Detaillisten am Boden gehalten.

> **Expertentipp: Aufgaben für den Strategen**
>
> Ein Stratege ist im Team unentbehrlich für
> - Aufgaben, die zur Teambegeisterung führen,
> - die Entwicklung von Szenarien, wie die Lösungen in das Unternehmen eingebunden werden können.

4.2.3 Achten Sie auf ein ausgewogenes Team

Wer ein Team zusammenstellt, sollte versuchen, möglichst viele verschiedene Stärken zu versammeln und die unterschiedlichen Teamtypen zu kombinieren. Schließlich geht es bei den meisten Aufträgen darum, neue Ideen zu entwickeln, sie voranzutreiben und bis zur Umsetzung zu begleiten — es sind also Strategen ebenso gefragt wie Kraftmotoren oder Helfer.

Eine geschickte Teamzusammensetzung stellt sicher, dass die Mannschaft den unterschiedlichsten Situationen gegenüber gewappnet ist. Die einzelnen Mitglieder ergänzen sich in ihren Fähigkeiten untereinander, die Stärken des einen gleichen die Schwächen des anderen aus. Zwischen Machern und Denkern sowie zwischen Neuerern und Bewahrern herrscht im Idealfall ein ausgewogenes Verhältnis. Optimal ist ein Zustand, in dem alle Teammitglieder in der Lage sind, wenigstens eine Stärke einbringen zu können.

Kompetenztest: Teamtypen kennenlernen

Jeder Teamtypus bringt andere Eigenschaften, die für den Teamerfolg wichtig sind, ihn aber unter Umständen auch behindern können. Überlegen Sie anhand der folgenden Fragen, ob Ihnen die Stärken und Schwächen der Typen bereits einmal begegnet sind.

	Welchen Vertreter dieser Teamrolle kennen Sie?	Was schätzen Sie an dieser Person?	Welche Herausforderung bringt diese Rolle mit sich?
Prototyper			
Kraftmotor			
Zuverlässiger			
Detaillist			
Helfer			
Sammler			
Ideengeber			
Stratege			

4.3 So holen Sie fachliche Kompetenz in Ihr Team

Wer welche Rolle im Team einnimmt, ist natürlich nur eines von mehreren Entscheidungskriterien für die Auswahl der Teammitglieder. Ebenso wichtig ist die fachliche Kompetenz der einzelnen Kandidaten. Bei interessanten Aufgaben ist bei den Kollegen das Interesse oft groß, im Team mitzuarbeiten. Aber nicht jeder Mitarbeiter ist geeignet: Jeder Auftrag stellt andere Herausforderungen an das Team und seine Mitglieder. Auch wenn eine Gruppe ein optimales Verhältnis zwischen den einzelnen Teamtypen aufweist, kann sie immer noch scheitern, weil niemand über ausreichende Kenntnisse verfügt, um die anstehenden Probleme kompetent und dauerhaft zu lösen.

Es gilt also, ausreichende Fachkenntnisse für die Aufgabe zu sichern — und zwar sowohl hinsichtlich der Qualität als auch der Quantität.

4.3.1 Wie Sie für einen Teamauftrag eine Kandidatenliste erstellen

Es liegt in der Verantwortung des Teamleiters, die richtigen Personen auszuwählen. Wer sich mit der Zusammenstellung eines Teams befasst, sollte sich vorab mit der Fachkompetenz, der Ausbildung, Erfahrung und den Fähigkeiten beschäftigen, die notwendig sind, um dem Auftrag gerecht zu werden. Auch gilt es zu klären, wie viel Arbeitskraft überhaupt benötigt wird. Die Antwort auf diese Fragen lässt sich nur aus dem Teamauftrag ableiten.

Um aber ein Hochleistungsteam zu schaffen, ist es nicht ausreichend, nur die ideale fachliche Besetzung zusammenzustellen. Für eine gute Zusammenarbeit sind auch die Methodenkompetenzen, Sozialkompetenzen und Personalen Kompetenzen der potenziellen Teammitglieder von großer Bedeutung.

Welche Fachkompetenzen sind notwendig?
Zunächst sollte ein grundsätzliches Mengengerüst entstehen, welche Fachkompetenzen erforderlich sind. Personen spielen bei diesem Schritt noch keine Rolle.

Teamauftrag	
→ Fachkompetenz 1	
→ Fachkompetenz 2	
→ Fachkompetenz 3	
→ ...	

> **Beispiel: Fachkompetenzen aus Auftrag**
>
> Der Auftrag des Teams lautet: Marketing für das Produkt X im gesamten spanischsprachigen Raum. Bereits aus dieser vagen Formulierung ergeben sich einige Fachkompetenzen, die im Team zwingend vorhanden sein müssen, z. B.:
> - sichere Anwendung der verschiedenen Marketinginstrumente,
> - Detailwissen über das Produkt X,
> - Kenntnis der Märkte und Konkurrenzsituationen in den verschiedenen, infrage kommenden Ländern,
> - exzellentes Spanisch etc.
>
> Wie bereits erwähnt, müssen diese Kompetenzen grundsätzlich im Team vorhanden sein, was aber nicht bedeutet, dass jedes einzelne Teammitglied darüber verfügen muss.

4 So holen Sie fachliche Kompetenz in Ihr Team

Wer bringt welche Kompetenzen mit?

Wenn feststeht, welche fachlichen Voraussetzungen in einem Team erfüllt sein müssen, werden die in Frage kommenden Kandidaten daraufhin durchleuchtet. Über welches Fachwissen ein Mitarbeiter verfügt, ergibt sich z. B. aus seinem Ausbildungsweg, seinen bisherigen beruflichen Stationen, Fort- und Weiterbildungsmaßnahmen, Auslandsaufenthalten etc. Ein Eintrag in eine entsprechende Tabelle hilft, den Überblick zu behalten: Ist für jede geforderte Kompetenz auch ein Kandidat vorhanden oder bestehen eventuell noch Lücken? Hier kann es durchaus zu Mehrfach-Nennungen kommen, wenn einige Kollegen verschiedene fachliche Anforderungen erfüllen können. Welcher Mitarbeiter ist also für die anstehende Aufgabe besonders gut geeignet?

Fachkompetenzen		
Fachkompetenz 1	Fachkompetenz 2	Fachkompetenz 3
Kandidaten:	Kandidaten:	Kandidaten:
Bedarf gedeckt?	Bedarf gedeckt?	Bedarf gedeckt?

Was ist zu tun, wenn nicht genügend Kandidaten vorhanden sind?

Nicht immer sind in einem Unternehmen alle erforderlichen Fähigkeiten und fachlichen Voraussetzungen auf Anhieb vorhanden.

In diesem Fall bestehen drei Möglichkeiten, um die Kompetenzlücke zu füllen:
- Die interne Suche kann ausgeweitet werden,
- der Kandidat, der der Anforderung am nächsten kommt, wird in den noch fehlenden Kompetenzen entwickelt,
- es wird extern nach einem Mitarbeiter gesucht.

Die Entscheidung, ob intern oder extern gesucht oder ein Mitarbeiter entsprechend qualifiziert wird, ist natürlich von den spezifischen Rahmenbedingungen des Teams abhängig.

4.3.2 So bewerten Sie die einzelnen Kandidaten

Um ein ausgewogenes Verhältnis zwischen den unterschiedlichen fachlichen Kompetenzen und Rollentypen herzustellen, empfiehlt es sich, zunächst die infrage kommenden Kandidaten auf ihre Eignung hin zu beurteilen.

Gehen Sie systematisch vor

Dabei ist es sinnvoll, die Mitarbeiter anhand einer Checkliste zunächst unabhängig voneinander zu begutachten und so die Beurteilung zu objektivieren.

> **Element:**
>
> Aus einer Beurteilung der Kandidaten durch ein standardisiertes Screening ziehen sowohl Sie also auch das potenzielle Teammitglied Nutzen:
> - Sie bewerten alle Kandidaten nach den gleichen Kriterien.
> - Die Auflistung der Kriterien führt Ihnen die Beurteilungsbasis verbindlich vor Augen, die bloße Ad-hoc-Beurteilung wird objektiviert.
> - Eine Grafik zeigt die Beurteilung, welchen Verhaltenstypen der Kandidat voraussichtlich angehört. Wenn Sie alle Kandidaten vergleichen, können Sie abschätzen, ob ein Verhaltenstyp bei einer möglichen Teamzusammensetzung überrepräsentiert wird oder nicht.

So holen Sie fachliche Kompetenz in Ihr Team 4

Kandidatenbewertung

Name:

```
                    Neuerer
        Stratege    |    Prototyper
                    |
     Ideengeber     |    Kraftmotor
                    |
 Denker ————————————+———————————— Macher
                    |
        Sammler     |    Zuverlässiger
                    |
        Helfer      |    Detaillist
                    Bewahrer
```

		−						+
Fachkompetenz	Eignung der Ausbildung	☐	☐	☐	☐	☐	☐	☐
	Berufserfahrung	☐	☐	☐	☐	☐	☐	☐
	Inhaltliche Kreativität	☐	☐	☐	☐	☐	☐	☐
	Gesamturteil der fachlichen Eignung	☐	☐	☐	☐	☐	☐	☐
Methodenkompetenz	Strukturiertheit im Vorgehen	☐	☐	☐	☐	☐	☐	☐
	Projekterfahrung	☐	☐	☐	☐	☐	☐	☐
	Kreativität in der Arbeitsweise	☐	☐	☐	☐	☐	☐	☐
	Gesamturteil der methodischen Eignung	☐	☐	☐	☐	☐	☐	☐
Sozialkompetenz	Kommunikationsstil	☐	☐	☐	☐	☐	☐	☐
	Verbindlichkeit	☐	☐	☐	☐	☐	☐	☐
	Bereitschaft zur Kooperation	☐	☐	☐	☐	☐	☐	☐
	Gesamturteil der Sozialkompetenz	☐	☐	☐	☐	☐	☐	☐
Personale Kompetenz	Frustrationstoleranz	☐	☐	☐	☐	☐	☐	☐
	Offenheit	☐	☐	☐	☐	☐	☐	☐
	Optimismus	☐	☐	☐	☐	☐	☐	☐
	Gesamturteil der Personalen Kompetenz	☐	☐	☐	☐	☐	☐	☐
Gesamturteil		☐	☐	☐	☐	☐	☐	☐
Entwicklungsempfehlung								

Wie Sie die Verhaltenstypen auf der Checkliste festhalten

Die Checkliste ermöglicht, die Verhaltenstypen, die ein Mensch im Team voraussichtlich zeigen wird, grafisch darzustellen. Dazu sind alle acht Typen neben dem Feld „Namen", in das auch der Ausbildungsgang eingetragen werden kann, kreisförmig aufgeführt. Bei der Einschätzung des Mitarbeiters zieht der Teamleiter nun mit einem Stift eine Linie vom Mittelpunkt der Darstellung in Richtung Teamtypus — je länger die Linie ist, desto stärker tritt die betreffende Verhaltensweise bei der beurteilten Person auf (s. Folgeseite).

> **!** **Beispiel: Grafische Darstellung der Teamtypen**
>
> Ein Kandidat ist in seinen Ideen sehr visionär, allerdings nur wenig detailverliebt. Auf der Checkliste ist die Linie, die auf „Stratege" zeigt, deutlich länger als jene, die auf „Detaillist" weist (s. Folgeseite).

Auf diese Weise entsteht das grafische „Verhaltensprofil" eines Mitarbeiters. Dabei geht es nicht darum, ob die entstehenden Profile „gut" oder „schlecht" sind. Ziel ist, festzuhalten, wer welche Rollen im Team erfüllen kann. Am Ende des Beurteilungsprozesses überprüft der Teamleiter, ob alle notwendigen Rollen ausreichend besetzt werden können.

> **!** **Expertentipp: Beurteilung der Kompetenzen**
>
> Bei der Beurteilung sollten Sie zugrunde legen, inwieweit „Kreativität", „Erfahrung" oder „Ausbildung" für die spezifische Aufgabe des Teams notwendig sind und entsprechend gewichten. Gleiches gilt auch für die Teilbereiche „Methodenkompetenz", „Sozialkompetenz" und „Personale Kompetenz". Beurteilen Sie die Person anschließend danach, ob ihre Fähigkeit in diesen Teilbereichen ausreichend ist.

So kommen Sie zum Gesamturteil

Um letztlich das Gesamturteil zu fällen, sollte der Teamleiter noch einmal die Beurteilungen für alle Teilbereiche gesondert betrachten. Dabei sollte aber tatsächlich ein umfassendes Urteil entstehen: Es gilt, sich von den Teilbereichen leiten zu lassen, nicht aber, den Durchschnittswert der abgegebenen Bewertungen zu bilden. Diese sind nicht vergleichbar.

4 So holen Sie fachliche Kompetenz in Ihr Team

Beispiel: Bewertung anhand einer Checkliste

Name: D. Surkamp

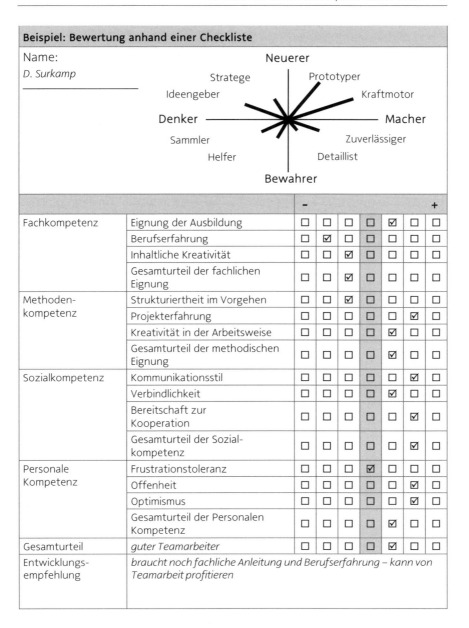

		–						+
Fachkompetenz	Eignung der Ausbildung	☐	☐	☐	☐	☑	☐	☐
	Berufserfahrung	☐	☑	☐	☐	☐	☐	☐
	Inhaltliche Kreativität	☐	☐	☑	☐	☐	☐	☐
	Gesamturteil der fachlichen Eignung	☐	☐	☑	☐	☐	☐	☐
Methoden-kompetenz	Strukturiertheit im Vorgehen	☐	☐	☑	☐	☐	☐	☐
	Projekterfahrung	☐	☐	☐	☐	☐	☑	☐
	Kreativität in der Arbeitsweise	☐	☐	☐	☐	☑	☐	☐
	Gesamturteil der methodischen Eignung	☐	☐	☐	☐	☑	☐	☐
Sozialkompetenz	Kommunikationsstil	☐	☐	☐	☐	☐	☑	☐
	Verbindlichkeit	☐	☐	☐	☐	☑	☐	☐
	Bereitschaft zur Kooperation	☐	☐	☐	☐	☐	☑	☐
	Gesamturteil der Sozialkompetenz	☐	☐	☐	☐	☐	☑	☐
Personale Kompetenz	Frustrationstoleranz	☐	☐	☐	☑	☐	☐	☐
	Offenheit	☐	☐	☐	☐	☐	☑	☐
	Optimismus	☐	☐	☐	☐	☐	☑	☐
	Gesamturteil der Personalen Kompetenz	☐	☐	☐	☐	☑	☐	☐
Gesamturteil	guter Teamarbeiter	☐	☐	☐	☐	☑	☐	☐
Entwicklungs-empfehlung	braucht noch fachliche Anleitung und Berufserfahrung – kann von Teamarbeit profitieren							

Wenn es nur zu einer „Eignung mit Einschränkungen" reicht, sollte überlegt werden, ob es möglich ist, durch kurzfristige Qualifizierung und Entwicklung der jeweiligen Kompetenzen eine Eignung wahrscheinlicher zu machen.

4.3.3 Wie Sie schließlich zu Ihrem Team kommen

Wenn die Vorauswahl und Beurteilung der Kandidaten anhand der Checklisten vollständig ist, sind erste Aussagen über die potenzielle Teamzusammensetzung möglich:

- Ist genügend Arbeitskraft vorhanden, um den Teamauftrag im angegebenen Zeitrahmen zu erfüllen?
- Sind alle Fachkompetenzen abgedeckt, die für die Bewältigung des Auftrags notwendig sind?
- Wie sind die verschiedenen Verhaltensprototypen repräsentiert? Gibt es Überbesetzungen bestimmter Rollen? Sind andere Rollen zu wenig vertreten?

Erstellen Sie eine Team-Setup-Matrix
Wenn sowohl ausreichend Arbeitskraft und fachliches Know-how vorhanden sind als auch die Besetzung der verschiedenen Teamtypen gesichert scheint, kann ein erstes „Prototeam" geplant und formiert werden. Dafür bietet es sich an, eine Matrix zu erstellen, die zeigt, wie die Kompetenzen und Rollentypen im Team vertreten sind.

Für die Beurteilung der Verhaltensprototypen ist es ausreichend, wenn für jede Person die Entscheidung zwischen Macher oder Denker sowie zwischen Bewahrer oder Neuerer getroffen wird (s. Kapitel 4.2.1).

Wenn es nicht möglich ist, bei einer Person eindeutig zwischen Macher und Denker oder zwischen Neuerer und Bewahrer zu unterscheiden, weil die entsprechende Checkliste jeweils die gleiche Anzahl an Punkten ergeben hat, sind Mehrfachbewertungen durchaus zulässig. Einfacher ist es jedoch, sich für eine Ausrichtung zu entscheiden.

An dieser Stelle geht es nicht darum, die Kreuzchen innerhalb der Matrix zu zählen. Hierbei handelt es sich um eine näherungsweise Bewertung. Besser ist es, den grafischen Eindruck aufzunehmen: Sind die Kreuze in der Matrix gleichmäßig verteilt? Sind alle Teamrollen, Fach-, Methoden-, Sozial- und Personalen Kompetenzen ebenmäßig abgedeckt?

Team-Setup-Matrix

Name / Kompetenz	Mitarbeiter 1	Mitarbeiter 2	Mitarbeiter 3	...
Fachkompetenz 1				
Methodenkompetenz 1				
Sozialkompetenz 1				
Personale Kompetenz 1				
...				
Typ				
Macher	☐	☐	☐	☐
Denker	☐	☐	☐	☐
Neuerer	☐	☐	☐	☐
Bewahrer	☐	☐	☐	☐

Eine konkrete Team-Setup-Matrix könnte beispielsweise folgendermaßen aussehen:

Team-Setup-Matrix				
Name	Dr. Mellein	Pensel	Laubner	Dr. Rathjen
Kompetenzen				
Anwendung Marketinginstrumente	x		x	
Detailwissen Produkt X	x	x		
Kenntnis von Markt und Konkurrenz			x	
Spanischkenntnisse			x	x
Methodenkompetenzen				
Sozialkompetenzen				
Personale Kompetenzen				
Typ				
Macher	☑	☐	☐	☑
Denker	☐	☑	☑	☐
Neuerer	☑	☐	☑	☐
Bewahrer	☐	☑	☑	☑

4 So holen Sie fachliche Kompetenz in Ihr Team

Kompetenztest: Teams zusammenstellen

Überlegen Sie sich anhand des vorliegenden Teamauftrags, welche Fachkompetenzen Sie zwingend in Ihrer zukünftigen Mannschaft versammeln müssen. Arbeiten Sie dabei mit der Tabelle „Teamauftrag" in Kapitel 4.3.1 bzw. der Kopiervorlage aus dem Anhang.

Erstellen Sie anschließend eine Liste aller Kandidaten, die für die Mitarbeit an diesem Auftrag infrage kommen, und ordnen Sie sie den einzelnen Fachkompetenzen zu. Dabei hilft Ihnen die Übersicht „Fachkompetenzen" in Kapitel 4.3.1 bzw. im Anhang.

Fragen Sie sich:
- Sind für alle Fachkompetenzen ausreichend Mitarbeiter vorhanden?
- Wenn Fähigkeiten noch fehlen, welchen Mitarbeiter kann ich so weit entwickeln, dass er diese ausreichend einbringen kann?
- Ist es sinnvoll, diesen Mangel durch eine externe Lösung zu beheben?

Bewerten Sie im Anschluss jeden einzelnen Mitarbeiter hinsichtlich seines Teamtypus und der verschiedenen Kompetenzen, über die er verfügt. Verwenden Sie dafür das Formular „Kandidatenbewertung" in Kapitel 4.3.2, das Sie auch im Anhang finden.

Führen Sie im letzten Schritt alle Vorüberlegungen zusammen: Ist jede Fachkompetenz von mindestens einem Teammitglied gedeckt? Ist die Rollenverteilung im Team gleichmäßig? Arbeiten Sie an dieser Stelle mit der Team-Setup-Matrix (s. o. oder aus dem Anhang).

5 Ihre Rolle als Teamleiter

Die Festlegung der Ziele für das gesamte Team und für die einzelnen Teammitglieder ist nur der Anfang der Zusammenarbeit. Daneben gibt es eine ganze Reihe von Herausforderungen, denen sich der Teamleiter zu stellen hat:
- Sie repräsentieren Ihre Mannschaft nach außen und halten sie nach innen zusammen.
- Sie moderieren bei Konflikten.
- Sie beraten die Mitglieder bei offenen Fragen.
- Sie sorgen für deren Weiterentwicklung.
- Sie koordinieren alle Tätigkeiten im Team usw.

Damit ist die Teamleitung eine Führungsaufgabe wie jede andere auch — auch wenn die hierarchische Position des Teamleiters dies nicht sofort erkennen lässt.

Aus diesem Grund sollte auch die Auswahl eines Teamleiters mit äußerster Sorgfalt erfolgen. Entscheidend sind dabei die Fragen, welchen Aufgaben er gewachsen sein muss und welche Eigenschaften er dazu benötigt. Auf den nächsten Seiten lesen Sie,
- wie Sie mit Ihrer Position im Team — als Leiter auf der einen Seite und Mitglied auf der anderen — sinnvoll umgehen,
- wieso Sie gleichermaßen personen- wie sachorientiert handeln sollten,
- mit welchen Aktionen von Teammitgliedern Sie rechnen müssen und wie Sie mit ihnen am besten umgehen,
- wie Sie zu guten, begründeten Entscheidungen kommen,
- mit welchen Mitteln Sie die Teamarbeit so organisieren, dass sie reibungslos läuft,
- welche Beratungsfunktion Sie Ihren Mitarbeitern gegenüber haben,
- wie Sie das Team und seine Ergebnisse nach außen repräsentieren können
- warum es wichtig ist, dass Sie Ihren Teammitgliedern einen Vertrauensvorschuss gewähren,
- und wie Sie ein für Sie stimmiges „Rollenbündel" bekleiden bzw. aktiv gestalten und gleichzeitig authentisch bleiben können.

5.1 Wie Sie als Teamleiter Ihre Position im Team finden

Natürlich handelt es sich bei der Teamleiterfunktion grundsätzlich um eine Führungsposition, bei der es aber einige Besonderheiten gibt. Eine liegt darin begründet, dass der Teamleiter eben nicht nur Chef des Teams ist, sondern ihm als Mitglied aktiv angehört.

Zudem ist in vielen Unternehmen die Übertragung einer Teamleitung ein beliebtes Instrument, um jungen Nachwuchskräften die Chance zu geben, sich zu profilieren und für höhere Aufgaben zu empfehlen. Das bedeutet, dass bei den Kandidaten häufig nur wenig Führungserfahrung vorhanden ist und sie unsicher im Umgang mit den Mitarbeitern sind.

5.1.1 Das Dilemma des Teamleiters

Eine Herausforderung bei der Teamleiterfunktion liegt darin, dass hier eine Person zwei — scheinbar — sehr unterschiedliche Rollen sinnvoll in sich vereinen muss: die des Chefs und die des Teammitglieds.

Wann sind Sie als Teamleiter der Chef?
Die Führungsaufgabe eines Teamleiters besteht nach außen primär darin, seine Mannschaft zum Erfolg zu führen. In dieser Rolle ist er unbestritten Chef der Gruppe. „Lösungsorientierung" oder „Zielorientierung" gelten daher als entscheidende Eigenschaften für die Eignung einer guten Führungskraft. Der Teamleiter trägt nach außen den Großteil der Verantwortung für das Ergebnis, welches das Team erbringt. Dabei gerät er gelegentlich sogar in eine etwas undankbare Situation: Für Erfolge erhält sein Team als Ganzes die Anerkennung, für Misserfolge dagegen wird allein der Teamleiter zur Verantwortung gezogen.

Wann gehören Sie dem Team als Mitglied an?
Mit der Funktion des Teamleiters ist ein hohes Maß an Verantwortung für die Teammitglieder verbunden. Der Teamleiter ist diejenige Person, die in höchstem Maße für das persönliche Wohlbefinden, das Arbeitsklima und den Umgang miteinander Sorge zu tragen hat. In dieser Rolle ist er viel mehr Mitglied des Teams als dessen Chef.

5.1.2 Wie Sach- und Personenorientierung in Einklang zu bringen sind

Aus dieser Doppelrolle kann ein Dilemma entstehen:
- Vernachlässigt der Teamleiter die Wünsche und Bedürfnisse seiner Mannschaft, entsteht Unzufriedenheit. Das wiederum kann sich negativ auf das Ergebnis der Teamarbeit auswirken.
- Ist er allerdings zuwenig zielorientiert, ist zweifelhaft, ob das Team die gestellten Aufgaben erfolgreich zu Ende führen kann. Auch das macht die Teammitglieder unzufrieden.

Nur wenn es dem Teamleiter gelingt, die individuellen Bedürfnisse und Ziele der Teammitglieder mit den Vorgaben für das Team als Ganzes in Einklang zu bringen, kann dieser Zwiespalt aufgelöst werden. Es gilt also, die notwendige sensible Balance zwischen Personen- und Sachorientierung zu erreichen.

Vier Teamleitertypen

Je nachdem, wie gut der Teamleiter diesen Ausgleich schafft, lässt er sich einem von vier Typen zuordnen.

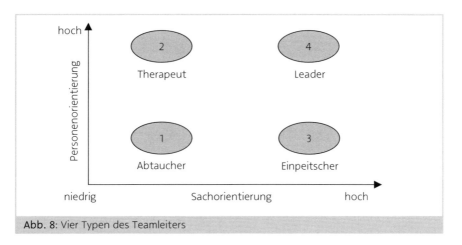

Abb. 8: Vier Typen des Teamleiters

Typ 1: Der Abtaucher

Eine sehr schwierige Situation liegt vor, wenn beim Teamleiter sowohl die Personen- als auch die Sachorientierung nur sehr gering ausgeprägt ist. Von ihm sind Äußerungen zu hören wie „Ich sage, was zu tun ist, aber zwingen kann ich keinen." Hier besteht noch ein sehr großer Entwicklungsbedarf, bis solche Personen zu guten Teamleitern heranwachsen.

Typ 2: Der Therapeut

Die Grundhaltung des Typs 2 ist: „Es soll sich doch jeder bei uns wohlfühlen." Seine sehr hohe Personenorientierung bei gleichzeitig schwacher Sachorientierung zeugt von ausgeprägter Empfindsamkeit und großem Einfühlungsvermögen. Die sozialen Kompetenzen sind bei diesem Typus stark ausgeprägt. Allerdings ist eine gewisse Nachlässigkeit gegenüber den Teamzielen zu befürchten. Es entsteht schnell eine Art „Psychoclub", in dem sich zunächst alle sehr wohl fühlen, der aber nur wenig Ergebnisse bringt. Das wird die „Macher" im Team schnell frustrieren und lässt sie — zu Recht — in Aufruhr geraten.

Personen vom Typ 2 sind unter Umständen für eine Teamleitung entwickelbar — jedoch nicht sofort. Zunächst brauchen sie die Erfahrung erfolgreicher Teamarbeit, um von einem erfolgreichen Teamleiter lernen zu können. Dabei kann es sinnvoll sein, ihnen Kompetenzen des Projektmanagements zu vermitteln.

> **!** **Expertentipp: Typ 2 als Stellvertreter**
>
> Wenn der Typ 2 eine hohe fachliche Qualifikation mitbringt, kann er eventuell auf der Position eines stellvertretenden Teamleiters einsteigen. Insgesamt sollte sehr genau betrachtet werden, ob die geringe Sachorientierung eher auf behebbaren methodischen Schwächen beruht oder in der Person begründet liegt.

Typ 3: Der Einpeitscher

Beim Typ 3 ist die Ausprägung genau umgekehrt: Ihn kennzeichnet eine hohe Zielorientierung bei geringer Personenorientierung. Sein Motto ist: „Bei mir zählt Leistung!" Diese Personen betrachten vor und nach jedem Schritt das Ergebnis. Durch ihr geringes Einfühlungsvermögen stoßen die „harten Hunde" die anderen Teammitglieder jedoch schnell und oft vor den Kopf.

Zu Beginn erfolgt die Arbeit sehr pragmatisch und zügig — eine Tatsache, die die Teammitglieder honorieren. Mittelfristig allerdings kann sich die Stimmung im Team negativ entwickeln, wenn Ideen, individuelle Zielsetzungen und Vorstellungen zur Arbeitsweise, die nicht vom Typ 3 selbst kommen, permanent übergangen werden.

> **Expertentipp: Nur in Ausnahmefällen** !
>
> Der Einsatz solcher Teamleiter ist nur in „Feuerwehren" angebracht, die in Krisenzeiten eingesetzt werden. In langfristigen Teams und Projekten, in denen kreative und innovative Lösungen gefragt sind, sind sie fehl am Platz.

Typ 4: Der Leader

Der Typ 4 stellt den Idealfall eines Teamleiters dar. Bei seinem Vorgehen handelt es sich um mehr als eine Balance zwischen individuellen Zielen und Bedürfnissen einerseits und den Teamergebnissen andererseits. Durch eine ausgewogene Teamzusammensetzung und einen hoch qualifizierten Teamleader können sich Synergiepotenziale tatsächlich entfalten. In der Mannschaft herrscht die Stimmung vor: „Wir sind Spitze!"

Die Teammitglieder fühlen sich wohl, weil sie erfolgreich sind, und sind erfolgreich, weil sie zufrieden sind.

5.2 Was sollten Sie als Teamleiter leisten?

Die Kernaufgaben eines Teamleiters liegen nicht im fachlichen, sondern im kommunizierenden und koordinierenden Bereich. Es ist seine Aufgabe, die Aktionen der verschiedenen Teammitglieder einzuschätzen, erwünschte zu fördern und unerwünschte zu unterbinden. Weiter fällt es in seine Verantwortlichkeit, Entscheidungen zu treffen und nach außen zu vertreten sowie die Teamarbeit so zu organisieren, dass sie reibungslos vonstattengeht. Nach innen hat der Teamleiter in erster Linie eine Beratungsfunktion für seine Teammitglieder, nach außen jedoch ist er Repräsentant und erster Verfechter des Teamprojekts.

5.2.1 Welche Aktionen Sie steuern müssen

Die unterschiedlichen Aktivitäten der einzelnen Mitglieder prägen ein Team. Diese können konstruktiv oder destruktiv sein. Der Teamleiter hat die grundsätzliche Aufgabe, dies zu erkennen und entsprechende Maßnahmen zu ergreifen. Dabei lassen sich drei Grunddynamiken in Teams unterscheiden.

Aktionen, die das Team voranbringen
Zu den zielfördernden Aktivitäten gehört alles, was dazu dient, die gestellten Aufgaben zu lösen und das Ziel zu erreichen. Dazu gehören etwa

- die klare Zielbeschreibung,
- das Bestimmen von Rahmenbedingungen,
- die Aufgabenverteilung,
- die Einigung auf Vorgehensweisen
- und alle anderen methodischen und fachlichen Leistungen.

Daneben zählen jene Aktionen der Mitarbeiter dazu, die zielführend sind, also alle Tätigkeiten, die konstruktiv und lösungsorientiert auf die Aufgabenerfüllung ausgerichtet sind. Solche Aktionen muss der Teamleiter forcieren.

> **Beispiel: Zielfördernde Aktion**
>
> Ein Teammitglied eignet sich spezielle Kenntnisse an, die sonst niemand im Team hat. Das neu erworbene Wissen schließt eine Kompetenzlücke im Team, die Aufgabe kann weiter bearbeitet werden.

Aktionen, die das Wir-Gefühl stärken
Bei den teamfördernden Aktionen handelt es sich um alle Aktivitäten und Beiträge, die dazu dienen, dass das Team als solches leistungsfähig wird und bleibt. Alle Bemühungen, die aus einer Menge von Menschen ein echtes Team formen und zwischen ihnen ein „Wir-Gefühl" und Zusammenhalt entstehen lassen, fallen in diese Kategorie.

> **Beispiel: Teamfördernde Aktion**
>
> Ein Teammitglied löst eine Meinungsverschiedenheit durch den Einsatz von Konfliktlösetechniken und führt sie zu einem positiven Ende.

Aktionen, die unkollegial und störend sind

Nicht immer verhalten sich alle Teammitglieder konstruktiv, vor allem die ersten beiden Teamphasen, das sogenannte „Forming" und „Storming", (s. Kapitel 6.1 und 6.2) sind kritisch. Aggressivität, zynische und nicht immer ernst gemeinte Bemerkungen stören die Arbeit und unkollegiales Verhalten kann auftreten.

> **Beispiel: Teamstörende Aktion** !
>
> Ein Mitarbeiter unterbricht eine Teambesprechung immer wieder mit Äußerungen, dass man „all das schon ausprobiert habe" und es nicht sinnvoll ist, „noch etwas Neues zu versuchen".

Der Teamleiter sollte Aktivitäten verteilen

Eine Hauptaufgabe des Teamleiters liegt darin, zunächst zu erkennen, wer aktuell welche der Teamfunktionen wahrnimmt. Im Anschluss muss er dann eine situationsgerechte Verteilung der Aktivitäten zur Zielorientierung und zur Teamförderung realisieren. Gleichzeitig sollte er die teamstörenden Aktionen erkennen und diesen entgegensteuern.

> **Kompetenztest: Einschätzung von Teamaktionen**
>
> Überlegen Sie, welche typischen Teamaktionen Ihnen begegnet sind. Beschreiben Sie diese und begründen Sie, warum Sie diese der jeweiligen Kategorie zugeordnet haben. Die klare Wahrnehmung der Ausrichtung bestimmter Aktionen ist von Bedeutung, um in den verschiedenen Teamentwicklungsphasen entsprechend reagieren zu können.
>
> | Zielfördernde Aktionen | |
> |---|---|
> | Teamfördernde Aktionen | |
> | Teamstörende Aktionen | |

5.2.2 Welche Grundlage haben gute Entscheidungen?

Die Verantwortung für Entscheidungen im Zusammenhang mit der Teamarbeit liegt in der Regel beim Teamleiter. Das gilt unabhängig davon, ob der Entschluss von ihm allein oder vom ganzen Team gefällt wurde. Oftmals sind Entscheidungen nötig, die nicht vom Team getroffen werden können oder müssen. Dann kann es vorkommen, dass der Teamleiter diese Beschlüsse selbst fasst oder auch, dass er sie — nach gründlicher Überlegung — für die Zukunft an Mitarbeiter delegiert.

> **Expertentipp: Entscheidungen fällen**
>
> Fallen Sie nicht auf den Mythos herein, dass eine Führungskraft schnell viele Entscheidungen treffen müsse. Weder die Menge der Entscheidungen noch die Geschwindigkeit, in der sie getroffen werden, sagen etwas über die Führungsqualität aus. Wichtig ist vielmehr, *wie* und *welche* Entscheidungen getroffen werden.

Worum geht es bei der Entscheidung?
Eine der Grundlagen für gute Beschlüsse ist die Kenntnis über die Sache, die es zu entscheiden gilt. Der Teamleiter muss dieses Wissen nicht selbst von vornherein besitzen. Aber er muss es schnell im Team abfordern können, um es in seine Überlegungen einfließen zu lassen.

Was bedeutet das auftretende Problem?
Weiter muss der Teamleiter über ausreichend Urteilskraft verfügen, wenn er Entscheidungen fällen soll. Dabei geht es in erster Linie darum, die auftretenden Probleme auf der Basis der Teamziele genau zu analysieren.

Was sagt die Erfahrung?
Der dritte Baustein für gute Entscheidungen ist die Erfahrung des Teamleiters. Ist dieses oder ein ähnliches Problem bereits in der Vergangenheit einmal aufgetreten? Wie wurde damals damit umgegangen? Welche Schritte waren erfolgreich, welche nicht? Die Erfahrung ist nur schwer zu ersetzen. Sie wird im Laufe der Zeit erworben.

5.2.3 Diese Beratungsfunktion haben Sie als Teamleiter

Der Teamleiter hat für die anderen Teammitglieder eine Beratungsfunktion. Diese kann Sachfragen, Verfahrensfragen und Probleme zwischen den Kollegen betreffen. Um dieser Beratungsfunktion auch gerecht werden zu können, sind für jedes dieser drei Felder unterschiedliche Kompetenzen notwendig.

Welche Kompetenzen Sie bei fachlichen Fragen benötigen
Für die fachliche Beratung ist es nötig, dass der Teamleiter über so viel fachliche Kompetenz verfügt, dass er in diesem Bereich von den übrigen Teammitgliedern akzeptiert wird. Dabei muss er nicht über das spezifische Expertenwissen jedes einzelnen Teammitglieds verfügen. Vielmehr muss er in der Lage sein, Zusammenhänge aufzuzeigen und herzustellen. Dies gelingt ihm durch sein Querschnittswissen und seine Erfahrung bei der Beschaffung fehlender Daten und Ressourcen.

Wie Sie Verfahrensfragen lösen
Verfahrensfragen beziehen sich darauf, welches die nächsten Schritte sein könnten, die das Team oder ein einzelnes Teammitglied unternimmt. Um hier beraten zu können, benötigt der Teamleiter Kompetenzen in der Arbeitsmethodik und im Projektmanagement. Daneben muss er mit dem Mitarbeiter einen „moderierten Dialog" durchführen, in dem die verschiedenen Alternativen zunächst aufgeführt und dann beleuchtet sowie bewertet werden. Ziel ist, dass der Mitarbeiter, gegebenenfalls gemeinsam mit dem Leiter, über das weitere Vorgehen entscheidet.

Zwischenmenschliche Probleme fordern soziale Kompetenzen
Wenn der Teamleiter die Teammitglieder bei Konflikten oder bei Problemen in der Beziehung mit anderen Kollegen beraten soll, sind vor allem seine sozialen und kommunikativen Kompetenzen gefragt. Hier geht es darum, die Gefühlslage und die Sichtweise der Mitarbeiter zu erkunden. Das Feingefühl des Teamleiters hilft ihm zu erkennen, ob etwas unter vier bzw. sechs Augen geklärt werden soll oder ob ein Konflikt dem gesamten Team „gehört" und daher in der Gruppe besprochen werden sollte.

5.2.4 Repräsentieren Sie das Team nach außen

Der Teamleiter übernimmt nach außen die Verantwortung für das Teamergebnis. Gleichzeitig ist es seine Aufgabe, sich als Sprecher und Lobbyist für die Belange des Teams im Unternehmen stark zu machen.

Überzeugen Sie mit Zwischenergebnissen

In den meisten Fällen stehen bereits bei Beginn des Teamauftrags Termine fest, zu denen den internen — und manchmal auch externen — Auftraggebern Zwischenergebnisse präsentiert werden sollen. Es ist Sache des Teamleiters, bei diesen Gelegenheiten die Fortschritte im Projekt darzustellen und einen Ausblick auf die kommenden Schritte zu übernehmen. Oft geht es in solchen Treffen um Budgets oder um die Abstimmung der Gesamtorganisation. Im Idealfall hat er bereits im Vorfeld dafür gesorgt, dass Fortschritte und auch Hindernisse für die Teamarbeit dokumentiert werden, um für diese Gelegenheiten sinnvolle und aussagekräftige Unterlagen erstellen zu können. In jedem Fall sollte der Teamleiter bei solchen Gelegenheiten in der Lage sein, Inhalte präzise und plastisch abzubilden.

Werden Sie zum Fürsprecher für Ihr Projekt

Niemand kennt die Aufgaben und den Stand der Dinge so genau wie der Teamleiter. Daher ist es seine Aufgabe, die Bedeutung der Aufgabe und die Leistung des Teams immer wieder positiv herauszustellen. Das dient zum einen den Interessen des Teams. Ist dessen Bedeutung unstrittig, stärkt dies die Position in vielen Diskussionen über Ausstattung, Personalbedarf, Fortbildung usw. Und es nützt auch dem Teamleiter selbst. Wenn die Aufgabe, die er erfolgreich bearbeitet, eine wichtige ist, steigt sein Renommee im Unternehmen — eine wichtige Voraussetzung für die weitere Karriere.

> **Expertentipp: Nutzen Sie Präsentationen**
>
> Viele Menschen gehen mit einem unguten Gefühl in die Präsentation der Zwischenergebnisse. Dabei bietet sie Ihnen eine gute Gelegenheit, zum einen auf die Fortschritte aufmerksam zu machen, zum anderen aber auch auf Schwierigkeiten hinzuweisen, die einen weiteren Erfolg unwahrscheinlich machen. Nicht selten räumen die Vorgesetzten nach solchen Präsentationsterminen Steine aus dem Weg, die zuvor wochenlang die Arbeit blockierten.

5.2.5 Vernetzen Sie Ihr Team im Unternehmen

Ein Team ist nur eine kleine Einheit eines größeren Gebildes. Eine wichtige Voraussetzung für seinen Erfolg ist daher eine gelungene organisatorische Einbindung in das Gesamtunternehmen.

Sorgen Sie für ausreichend Transparenz

Das beste Team mit den fähigsten Köpfen wird keinen Beitrag zum Unternehmenserfolg leisten können, wenn sein Auftrag nicht klar im gesamten Unternehmen kommuniziert und auch anerkannt wird. Transparenz ist hier das höchste Gebot: Oft entwickeln Teams „Neuheiten" versteckt im stillen Kämmerlein, weil die Vorgesetzten damit aus mehr oder weniger nachvollziehbaren Gründen nicht gleich an die Öffentlichkeit gehen wollen. Allerdings gelingt es nur selten, die Tätigkeit von mehreren Menschen zu verheimlichen. Wer versucht, auf diesem Wege z. B. Unruhe zu vermeiden, erreicht in der Regel das genaue Gegenteil. Denn unvollständige Informationen beflügeln die Fantasie erst recht. Wo Nachrichten fehlen, wachsen die Gerüchte.

Welche Ressourcen stehen dem Team zur Verfügung?

Teams benötigen normalerweise die Unterstützung und Zuarbeit aus anderen Bereichen des Unternehmens. Auch hierfür ist Transparenz die erste Voraussetzung. Sonst werden sich andere Abteilungen fragen, weshalb sie bestimmte Informationen — womöglich mit großem Aufwand — zusammentragen und übermitteln sollen. Auch dem weitverbreiteten Bedürfnis nach Sicherheit kann durch Vorabinformation Genüge getan werden. Fragen wie „Auf welche Kostenstelle soll ich das jetzt buchen?" oder „Und diese Information dürfen Sie jetzt wirklich erhalten?" lassen sich dann vermeiden und jene nach dem Nutzen des Unternehmens rückt wieder in den Vordergrund.

> **Expertentipp: Ressourcen regeln** !
>
> Klären Sie von Anfang an, welche Ressourcen Ihrem Team zur Verfügung stehen, und zwar nicht nur bereichsübergreifend, sondern auch mit Ihren Teammitgliedern. Diese müssen wissen, über welche Budgetanteile, Räume, Technik etc. sie verfügen dürfen. Lassen Sie im Zweifelsfall eine eigene Kostenstelle einrichten.

Kommunikation der Teamfunktion

Unklarheiten über personelle Zuständigkeiten lassen sich nur durch offene Kommunikation und gemeinsame Entscheidungen vermeiden. Wenn ein Teamleiter im Team und nach außen nur ungenügend informiert, verursacht dies entweder Mehrarbeit oder es kommt zu Verzögerungen im Betriebsablauf, weil sich niemand zuständig fühlt. Daneben wirkt es für alle Beteiligen frustrierend, wenn nicht sogar demotivierend. Innerhalb des Unternehmens muss hinreichend bekannt sein, welchen Auftrag das Team erfüllt, welchen Nutzen das Unternehmen darin sieht und wie benachbarte Bereiche des Teams sich darauf einzustellen haben.

Checkliste: Organisatorische Voraussetzungen	Ja	Nein
Die Aufgabe des Teams ist in der Organisation hinreichend bekannt und anerkannt.		
Übergeordnete Instanzen stehen hinter den Zielen des Teams. Es gibt genügend Rückendeckung.		
Das Verhältnis zu anderen Bereichen ist offen und kooperativ.		
Aus anderen Bereichen erfolgt genügend Unterstützung und Zuarbeit für das Team.		
Es werden regelmäßig Berichte und Ergebnisse an die Gesamtorganisation geliefert.		
Der Weg zum Ziel ist Sache des Teams — es hat genügend Autonomie.		
Es gibt eine klare Abgrenzung zu anderen Bereichen und Teams, besonders zu denen mit ähnlichen/ benachbarten Aufgaben.		
Es herrscht Klarheit über die zur Verfügung stehenden Ressourcen und Vollmachten des Teams.		

5.2.6 Wie Sie Mitarbeiter führen und entwickeln

Die Leitung von Teams ist Führungsarbeit. Die Herausforderung dabei ist, dass alle Teammitglieder unterschiedlich sind. Diese Erkenntnis ist ebenso alt wie einfach, aber dennoch fällt es vielen Menschen schwer, nicht in Systemen und

Modellen zu denken, mit deren Hilfe Menschen verändert oder gelenkt werden könnten.

> **Expertentipp: Coachingaufgaben für den Leiter** !
>
> Als Teamleiter müssen Sie die Funktion eines Coaches für Ihre Mitarbeiter erfüllen. Denn neben den typischen Führungsaufgaben spielt die Entwicklung der Mitarbeiter eine große Rolle (s. Kapitel 9.3).

Nutzen Sie Herausforderungen für Ihre Entwicklungsarbeit

Ziel der Führungsarbeit ist es nicht, aus den Mitarbeitern „bessere Menschen" zu machen. Vielmehr besteht es darin, Menschen in ihren Fähigkeiten und Verhaltensweisen zu entwickeln. Das beste Mittel, um dies zu erreichen, sind Herausforderungen. Viele Führungskräfte glauben, sie müssten ihre Mitarbeiter zunächst entwickeln, um ihnen erst dann größere Aufgaben zutrauen zu können. Aber wie sollte die Motivation aussehen, die Menschen dazu bringt, sich etwas anzueignen und theoretisch durchzuarbeiten, wenn sie nicht wissen, wozu es dient und es nicht sofort in der Praxis umsetzen können? Darum liegt es in der Verantwortung des Teamleiters, mit jedem einzelnen Mitarbeiter die Aufgaben, die er übernehmen kann, zu erarbeiten.

Leisten Sie einen Vertrauensvorschuss

Menschen werden sehr häufig unterfordert, weil in der Zusammenarbeit eine entscheidende Komponente fehlt: Vertrauen. Dabei ist der Vertrauensvorschuss, den ein Vorgesetzter oder auch der Teamleiter leistet, einer der wirksamsten Motivatoren überhaupt: Die Zuversicht und das Vertrauen, dass der Mitarbeiter die übertragenen Aufgaben lösen wird, bestärkt diesen mehr in seinen Fähigkeiten als alles andere. Wie weit man einen Mitarbeiter „nach vorn" schicken und fordern kann, ohne ihn zu überfordern, lässt sich nicht mit einer Formel bestimmen — hier zählen die Erfahrung des Teamleiters, seine Möglichkeiten, den Mitarbeiter auf dessen Weg ins Neuland zu unterstützen, die Art der Aufgabe und die Lerngeschwindigkeit des Mitarbeiters.

> **Expertentipp: Konzentrieren Sie sich auf Stärken** !
>
> Im Zusammenhang mit der Entwicklung von Mitarbeitern sind Ihnen bestimmt schon häufiger die Begriffe „Stärken" und „Schwächen" untergekommen. Es ist unbestritten, dass Stärken weiter ausgebaut werden sollten. Gleichzeitig sollten Sie auch die Schwächen Ihrer Mitarbeiter kennen, um sie abzubauen.

Allerdings sollte dies nicht zu einer Konzentration auf die Defizite führen. Machen Sie sich die Informationen über die Schwächen vor allem zunutze, um die Grenzen des Mitarbeiters kennenzulernen und zu beachten, in welchen Bereichen Sie ihn besser nicht einsetzen. Tragen Sie dazu bei, dass er seine Stärken weiter ausbauen kann.

Kompetenztest: Stärken und Schwächen

Wie gut kennen Sie die Stärken und Schwächen Ihrer Teammitglieder? Erstellen Sie eine Liste mit allen Teammitgliedern und überlegen Sie sich zu jedem einzelnen Mitarbeiter:

- Welche Aufgabe hat dieses Teammitglied?
- Welche Aufgabe hatte der Mitarbeiter, bevor er zu diesem Team stieß?
- Welche Tätigkeit übt er besonders gern aus?
- Bei welchen Aufgaben erzielt er überdurchschnittliche Ergebnisse?
- Hat der Mitarbeiter schon einmal Interesse an einer anderen Aufgabe geäußert?
- Welche Aufgaben übernimmt er nur ungern?
- Gibt es Bereiche, in denen seine Ergebnisse nur durchschnittlich oder sogar unterdurchschnittlich sind?

Wenn Sie auf diese Weise die Stärken und Schwächen Ihrer Mitarbeiter schriftlich vor sich haben, fragen Sie sich:

- Sind alle Mitarbeiter gemäß ihrer Stärken eingesetzt?
- Gibt es Stärken, die sie noch nicht einsetzen können? Wie lassen sich diese für das Team nutzen?
- Wie ist es möglich, die Stärken meiner Mitarbeiter weiter zu fördern?
- Ist ein Mitarbeiter womöglich in einem Bereich eingesetzt, in dem er Schwächen zeigt?
- Gibt es Alternativen innerhalb des Teams, die eine bessere Lösung versprechen?
- Lassen sich die Schwächen im Team und bei seinen Mitgliedern beheben?

5.3 Wie wird der Teamleiter ausgewählt?

Die Kriterien, die bei der Besetzung von Team- oder Gruppenleiterpositionen eine Rolle spielen, sind in der Praxis häufig ebenso mannigfaltig wie unzureichend. Da wird Personalpolitik betrieben oder der falschen Überzeugung aufgesessen, ein erfolgreicher Sachbearbeiter sei automatisch dazu befähigt, ein erfolgreicher Gruppenleiter zu sein.

Stattdessen sollte im Auswahlverfahren das entscheidende Kriterium sein, ob der Kandidat über die notwendigen Führungskompetenzen verfügt. Um diese Frage zu beantworten, können verschiedene Instrumente hilfreich sein.

5.3.1 Interviews als Entscheidungsbasis

Grundsätzlich sollte in jedem Auswahlprozess ein Interview stattfinden. Wichtig ist dabei ein Austausch über die unterschiedlichen Erwartungen und Vorstellungen. Es ist empfehlenswert, das Interview von geschulten Personen durchführen zu lassen. Außerdem sollte im Vorfeld ein Interviewleitfaden erstellt werden, der die wichtigsten Punkte und zentralen Anforderungen abbildet.

Was muss der Kandidat mitbringen?
Im Gespräch selbst sollte der Beurteiler, der den zukünftigen Teamleiter auswählt, erläutern, was das Unternehmen genau vom Inhaber der Position erwartet. Dazu gehört:
- die Vorstellung der Aufgaben und Anforderungen an die Teamleiterposition,
- Beschreibung der Situation hinsichtlich der Mitarbeiter, die es im Team zu führen gilt,
- Darstellung, in welcher Form das Team in die Gesamtorganisation eingebettet ist.

Welche Vorstellungen hat der Kandidat?
Im Anschluss sollte der Bewerber bzw. Kandidat für die Teamleiterposition die Gelegenheit erhalten, zum Team und zur Aufgabe Stellung zu nehmen. Dabei geht es in der Regel um folgende Punkte:

- Wie schätzt sich der Kandidat selbst in Bezug auf seine sozialen und Führungskompetenzen ein?
- Welche Erfahrung hat er in Führungssituationen?
- Welche Kenntnisse bringt er selbst im Zusammenhang mit Projekten und Teamarbeit mit?

Nachteil des Interviews

Interviews bieten teilweise nur einen begrenzten Informationsgewinn. Kandidaten werden sich vermutlich bemühen, das bestmögliche Bild von sich zu zeichnen. Stützt sich das Auswahlverfahren ausschließlich auf ein Interview, ist eine recht geringe „Trefferquote" für eine anforderungsgerechte Besetzung der Teamleiterposition zu erwarten. Darum ist es sinnvoll, dieses Instrument durch weitere Auswahlverfahren zu ergänzen.

5.3.2 Auswahl im Assessment-Center

Ein Assessment-Center ist sicherlich das valideste Instrument zur Beurteilung individueller Führungskompetenzen. Wer es zur Auswahl von Teamleitern durchführt, reduziert das Risiko von Fehlentscheidungen in hohem Maße.

Spezifische Übungen zeigen die Qualifikation

Im Assessment-Center können aus dem Kreis der geeigneten Kandidaten der Beste oder die Besten identifiziert werden. Das Grundprinzip ist immer gleich: Eine Reihe von spezifischen Übungen überprüft systematisch die Kompetenzen zur Führung von Menschen und zur Leitung von Teams. Die Beurteilung findet durch mehrere, voneinander unabhängige Beobachter statt.

Typische Aufgaben im Assessment-Center zur Auswahl eines Teamleiters

Die Aufgaben, die den Bewerbern gestellt werden, sind so ausgewählt, dass sie dem Querschnitt eines typischen Arbeitsalltags entsprechen. Dadurch können die Kandidaten direkt beweisen, ob sie über die notwendigen Fähigkeiten und Kompetenzen verfügen, um der Aufgabe gerecht zu werden. In einem Assessment-Center kommen vor:

- Interview zum Führungsverständnis
- Leiten einer Teambesprechung
- Führen eines Mitarbeitergesprächs zur Entscheidungsfindung
- Konfliktregelung zwischen zwei Mitarbeitern
- Aufgabe zur Projektdefinition aus Unternehmensdaten
- Organisationsaufgabe

5.3.3 Durchführung eines dynamischen Einzel-Assessments

Das Einzel-Assessment versetzt den Kandidaten in eine sehr realitätsnahe, komplexe Arbeitsumwelt. Dabei verbringt er einen ganzen Tag in einem virtuellen Büro, koordiniert und absolviert eine Reihe von Aufgaben und Terminen. Das Spektrum reicht von unternehmerischen Entscheidungen über das Führen von Mitarbeitergesprächen, Verhandlungen mit anderen Abteilungen bis hin zu routinemäßigen Organisationsaufgaben. Die exemplarischen Aufgaben im Einzel-Assessment sind mit denen im Gruppen-Assessment-Center vergleichbar.

Exakter Zuschnitt auf kommende Aufgabe ist möglich

Die einzelnen Aufgaben werden im Einzel-Assessment positionsspezifisch ausgewählt und modifiziert. Dynamisch ist dieses Instrument dadurch, dass die Lösung einer Aufgabe auf die nächstfolgende Aufgabenstellung Einfluss hat, wie es im Arbeitsalltag stets der Fall ist. Für die Auswahl eines Teamleiters ist der Einsatz eines solch komplexen Instruments gerechtfertigt, wenn

- eine getroffene Entscheidung zu verifizieren ist oder
- von Beginn des Auswahlprozesses an nur zwei oder drei Top-Kandidaten existieren.

Teure Fehlentscheidungen lassen sich vermeiden

Die Präzision der durch ein Assessment-Center getroffenen Entscheidung rechtfertigt den Aufwand dieser Methodik: Eine Fehlbesetzung hat unter Umständen massive Auswirkungen auf die Leistungsfähigkeit und den Erfolg einer gesamten Gruppe von Menschen sowie auf die angrenzenden Schnittstellen. Scheitert ein Team von acht Mitarbeitern nach einem halben Jahr, weil die Leitungsposition falsch besetzt wurde, sind die dadurch entstandenen Kosten unverhältnismäßig hoch.

5.4 Rolle und Authentizität

In diesem Kapitel ging es um die Rollen, die ein erfolgreicher Teamleiter einzunehmen hat. „Rollen?!" mag sich mancher fragen. Stets vernehmen wir in Unternehmensleitlinien den puren Wunsch nach Authentizität: „Sei einfach du selbst, und alles wird gut!", lautet die schlichte Botschaft der Authentizitätsprediger. Sie ist allgegenwärtig. Authentizität kommt in simplen Botschaften als unverstellte „Echtheit" daher, als ein einfaches „Sich-so-zeigen-wie-man-ist." Man kann das als Vogel-Strauß-Politik, als Kapitulation vor der Vielfalt von Rollenanforderungen interpretieren, mit etwas mehr Milde auch als verständliche Reaktion auf die Komplexität des Alltags, die sich in den letzten Jahren kontinuierlich erhöht hat.

Die Rollen, die wir heute spielen (können), sind zahlreicher, die Wege, die uns offenstehen, sind vielfältiger, die Anforderungen, die in jeder unserer Rollen an uns gestellt werden, sind ohne Frage komplexer als noch zu Anfang des letzten Jahrhunderts. Noch vor 100 Jahren war die (Berufs-)Biographie weitestgehend durch Geburt und Stand vorgezeichnet, noch vor 50 Jahren war die Führungsrolle klar konturiert und nicht etwa Gegenstand einer Flut von Seminaren und Büchern. Der Schuster blieb bei seinem Leisten, und der Chef hatte das Sagen.

Heute hat jeder erfolgreiche Schulabsolvent die Qual der Wahl unter Tausenden von Ausbildungsmöglichkeiten und jeder Manager muss sich im globalen Wettbewerb messen lassen. Wie viele Berufe, Funktionen, Rollen wir in unserem Arbeitsleben ausüben werden, kann niemand vorhersehen; und auch im Privaten treibt die Rollendiskussion seltsame Blüten. Selbst, was „männlich" oder „weiblich" ist, weiß heute niemand mehr so genau. Kunstfiguren wie Conchita Wurst verwirren die Gesellschaft.

Es gibt kein Echtheitszertifikat für Menschen, keine Bundesprüfstelle für Glaubwürdigkeit. Wollen wir die „Authentizität" einer Person beurteilen, sind wir auf Indizien angewiesen: Wie redet jemand, was sagt er, wie kleidet er sich, was für ein Auto fährt er? Doch Indizien können trügen, wie erfolgreiche Hochstapler vom Hauptmann von Köpenick bis zum „Baulöwen" Jürgen Schneider immer wieder beweisen. Da gibt uns jemand sein Ehrenwort, mit gekränkter Miene und Hand auf dem Herzen, und stellt sich hinterher doch als Lügner heraus. Längst ist Authentizität zum Gegenstand greller medialer Inszenierungen verkommen. Sie wurde zum kommunikativ erzeugten Massenphänomen.

Rolle und Authentizität

Vielleicht ist die Sehnsucht nach dem Unverfälschten, Echten, Wahren deshalb so groß; vielleicht hat der Wunsch, der andere möge sich „authentisch verhalten" und für uns berechenbar sein, in solchen Enttäuschungen seine Wurzeln. Er bleibt dennoch ein Kindertraum, von dem wir uns verabschieden sollten, wie vom Wunsch nach ewiger Jugend.

Wer auf der Bühne seines Teams und der seines Unternehmens reüssieren will, muss die ihm zugedachte(n) Rolle(n) überzeugend verkörpern. Versagt er dabei, wird er allzu leicht in Rollen gedrängt, die er sich selbst kaum aussuchen würde, die Rolle des „Überforderten" beispielsweise, die des „Quertreibers" oder des „Bremsers und Bedenkenträgers". Derartige Etiketten verdeutlichen: Wer die ihm angetragene Rolle missinterpretiert, wer sie nicht annimmt und mit Erfolg spielt, für den hält die Unternehmensöffentlichkeit Rollenfächer bereit, die wenig schmeichelhaft sind und geradewegs auf ein Karriereabstellgleis führen. Belohnt wird in der Gesellschaft wie in Organisationen zumeist Konformität, das Erfüllen von Rollenerwartungen

Wer eine Rolle spielt, verstellt sich, behaupten die Apologeten der Authentizität. Rollenspieler stehen damit im Pauschalverdacht der (womöglich böswilligen) Täuschung. Das ist eine eingeschränkte und verzerrende Sicht auf die Funktion sozialer Rollen. Rollen definieren Spielregeln sozialen Umgangs und erleichtern so das Zusammenleben. Sie schützen uns und unsere Umwelt dabei unter anderem vor ungebetenen Bekenntnissen und verstörenden Verhaltensweisen. Stellen Sie sich vor, Sie haben einen wichtigen Termin mit Ihrer Unternehmensleitung und der Vorsitzende vertagt das geschäftliche Thema, um Ihnen stattdessen detailliert und hoch emotional über seine aktuelle Beziehungskrise zu berichten. Absurd? Natürlich, aber auf jeden Fall doch wohl „echt" im Sinne der Authentizitätsapostel.

Nicht zufällig ist das „aus der Rolle fallen" im Sprachgebrauch eindeutig negativ besetzt. Wenn jemand aus der Rolle fällt, wird es meist peinlich oder unangenehm, für den Handelnden ebenso wie für seine Umgebung. Der Soziologe Erving Goffman beschreibt in seinem Standardwerk „Wir alle spielen Theater" detailliert, welche „Schutzmaßnahmen" das „Publikum" ergreift, um dem strauchelnden Rollenspieler ein Hintertürchen zu öffnen — am einfachsten, indem es mit „Takt" und „Diskretion" über die Sache hinweggeht. Als integrer Mitarbeiter würden Sie vermutlich versuchen, den Fauxpas Ihres Vorgesetzten zu ignorieren und möglichst schnell zum „eigentlichen" Thema zu wechseln. Klar definierte

Rollen schützen uns und andere davor, uns zu nahezukommen. Und Nähe macht in der Regel verletzbar.

Die eigentliche Schlüsselfrage des „Sei du selbst!" wird von Authentizitätsenthusiasten oft gar nicht gestellt: „Was macht denn dieses Selbst aus, das da nach außen gekehrt werden soll? Wie grenzt man den ‚harten Kern' der eigenen Persönlichkeit gegen die vermeintlichen Verbiegungen sozialer Einflüsse ab?"

Von Geburt an sind wir diesen Einflüssen ausgesetzt und zweifellos verändern wir uns auch durch die Rollen, die wir im Laufe unseres Lebens übernehmen. Sind wir mit 20 „derselbe", „dieselbe" wie mit 40 oder 60 Jahren? Haben Sie spontan eine differenzierte Antwort auf die Frage parat, wer Sie „selbst" sind? Und zwar ohne auf Ihre berufliche Position zu verweisen, auf Ihre täglichen Aufgaben, Ihre Familiensituation oder die Rollen, die Sie sonst im Leben noch spielen, als Vereinsvorsitzender, Parteimitglied und Hobbygolfer meinetwegen? Was bleibt übrig, wenn Sie alle sozialen Funktionen weglassen?

Wenn Sie darüber erst einmal nachdenken müssen, befinden Sie sich in großer Gesellschaft. Das aber führt die Idee, „einfach authentisch" sein zu wollen, ad absurdum. Will man Authentizität nicht auf momentane Launen und Stimmungen reduzieren, setzt authentisches Verhalten eine alles andere als einfache Exploration des eigenen Ich voraus. Unweigerlich sieht man sich auf dieser Reise mit der Frage konfrontiert, wer man sein möchte und wer man überhaupt sein könnte. Schließlich liegt der Einfluss der Gene auf unsere Persönlichkeit — je nach Forschungsstand und Zeitgeist — „nur" irgendwo zwischen 30 und 70 Prozent.

Wie entwickeln wir uns weiter, wie lernen wir? Nicht zuletzt, indem wir uns in neuen Rollen erproben. Man kann potenzielle Rollen als Darstellungsangebote verstehen, in die wir hineinschlüpfen können wie in ein neues, zunächst ungewohntes Kleidungsstück. Das aber setzt die Bereitschaft voraus, sein Verhaltensrepertoire zu erweitern und nicht auf einem authentisch-trotzigen „Ich bin, wie ich bin" zu beharren. (Die aktuelle neuropsychologische Forschung stellt die Existenz eines „Ich" radikal infrage — die Implikationen der Thesen von Gerhard Roth und Wolf Singer sind noch kaum abschätzbar.)

Der Volksmund empfiehlt, mit den Aufgaben zu wachsen. Das erfordert zwangsläufig, anders aufzutreten, bestimmte Züge der eigenen Persönlichkeit stärker zu betonen und einzusetzen, andere eher zurückzustellen. Gerade Führungskräften wird heute eine große Rollenvielfalt abverlangt: Wer seine Ziele erreichen will, muss im richtigen Moment verständnisvoller Coach, detailorientierter Planer oder auch mitreißender Visionär sein und dabei ganz unterschiedliche Menschen erreichen können, den Meister in der Produktion ebenso wie den Vorstand oder den Gewerkschaftsvertreter. Wer nicht als Chamäleon geboren wurde, schränkt seine Entwicklungsmöglichkeiten durch das Festhalten an einer unreflektierten „Authentizität" drastisch ein. Möglicherweise entdecken Sie ganz neue Seiten an sich, wenn Sie sich auf neue Spielfelder begeben und sich in neuen Rollen erproben. Viele neugierige und ambitionierte Menschen nehmen unterschiedliche Rollen daher exakt in diesem Sinne wahr — sie nutzen die Rollenangebote, die ihnen das Leben zuspielt, um die verschiedenen Facetten ihrer Persönlichkeit auszuleben.

Authentizitätsprediger kontern an dieser Stelle mit der Behauptung, das Rollenspiel am Arbeitsplatz münde nahezu zwangsläufig in eine Beschädigung des „wahren Selbst" und dem sei nur durch wie auch immer geartete Authentizität beizukommen. Ein solcher Preis für das berufliche Fortkommen wäre zweifellos hoch. Allerdings ist der beschriebene Selbst-Verlust nicht der zwangsweise zu entrichtende Obolus für das professionelle Rollenspiel, sondern im Gegenteil der Preis für eine blinde und unreflektierte Rollenanpassung, der der Einzelne kein wie auch immer geartetes Korrektiv entgegenzusetzen hat. Die déformation professionelle ist nicht automatische Folge eines wohl überlegten Rollenspiels (wie Authentizitätsapologeten irrtümlich unterstellen), sondern ein Indiz für einen Mangel an Selbstreflexion und bewusster Selbststeuerung. Wer seinen beruflichen Kontext nicht als die Bühne für ein Rollenspiel begreift, das nur aus einer inneren Distanz heraus virtuos zu spielen ist, läuft Gefahr, von seiner Rolle „aufgefressen" zu werden. Dafür gibt es ein wirksames Gegenmittel: die Besinnung auf die eigenen Kernwerte.

Was ist wirklich wichtig im Leben? Auf diese Frage hat jeder Mensch seine ganz persönliche Antwort. Für den einen zählen vor allem Erfolg und Unabhängigkeit, für den nächsten Beziehungen und Geborgenheit, für wieder andere Wissen und Spiritualität. Werte bestimmen nicht nur, was wir für wesentlich halten, sondern prägen unsere Urteile — wir sehen die Welt durch die Brille unserer Wertvorstellungen. Werte entstehen u. a. aus Erfahrungen, und passen sich der Umwelt an. Sie regulieren unser Verhalten, indem sie motivationale Ziele definieren. Wer Harmonie oder Altruismus zu seinen Kernwerten zählt, urteilt und handelt anders als der Nachbar, für den Leistung und Unabhängigkeit im Vordergrund stehen. Was für den einen das unverzichtbare „soziale Netz" ist, wird für den anderen zur „sozialen Hängematte"; wo der Erste „soziale Kälte" beklagt, fordert der Zweite schlicht mehr „Eigenverantwortung". Jenseits aller Sonntagsreden und sozial erwünschten Lippenbekenntnisse verraten die eigentlichen, wahren Werte eines Menschen, was er für wichtig und richtig hält. Richtet er sein Handeln danach aus, lebt er im Einklang mit sich selbst.

Dem gesellschaftlichen Zwang zum Rollenspiel können wir dennoch nicht entgehen. Selbst wo wir bestimmte Rollen verweigern, inszenieren wir uns unweigerlich vor der Kulisse impliziter Erwartungen. Selbstverwirklichung besteht von dieser Warte aus nicht in einem unreflektierten Ausleben spontaner Impulse, sondern in einer bewussten Lebensgestaltung und Rollenauswahl. Das geht nicht ohne gelegentlichen Helikopterblick und ohne eine zumindest temporäre Rollendistanz. Im Extremfall kann die dann gezogene Lebensbilanz sogar dazu veranlassen, bisher gelebte Rollen völlig abzustreifen und ein „zweites Leben" zu beginnen.

Zur souveränen Wahrnehmung von Lebensrollen gehört daher, sich selbst zu kennen und sich so zu akzeptieren, wie man ist — um anschließend für sich „passende" Rollen mit Bedacht auszuwählen und aktiv zu gestalten. Das Resultat ist im Idealfall ein Rollenbündel, das überwiegend nicht als Bürde oder Zwang zur Maske erlebt wird, sondern als persönliche Befriedigung und in sich stimmig. Das Wohlfühlen in der eigenen Haut führt zu echter Selbstsicherheit. Das wiederum mag von den Mitspielern als besondere Glaubwürdigkeit, als Charisma, als „Authentizität" erfahren werden.

6 Entwicklungsphasen eines Teams

Der Teamleiter sollte sich von Beginn an bewusst machen, dass Teams keine statischen Gebilde sind, sondern einer ständigen Entwicklung unterliegen. Während des Entwicklungsprozesses durchlaufen Teams nahezu immer die vier Phasen Forming, Storming, Norming und Performing. Um sie zu kennzeichnen, können vier verschiedene Betrachtungsebenen herangezogen werden:
- **Vorgang**: Was passiert aktuell? Welche Merkmale zeigt die Situation, in der sich das Team befindet?
- **Erleben**: Wie erleben die Mitarbeiter die Lage? Was nehmen sie primär wahr?
- **Verhalten**: Wie verhalten sich die Mitarbeiter aktuell? Was tun sie und warum?
- **Bedürfnisse**: Welche Bedürfnisse und Wünsche haben Mitarbeiter? Wie wird die „bessere" Situation beschrieben?

In diesem Kapitel lesen Sie,
- an welchen Merkmalen Sie die einzelnen Teamentwicklungsphasen erkennen können,
- was in den Teammitgliedern während der einzelnen Phasen vorgeht
- und welche Aufgaben Sie als Teamleiter in den einzelnen Phasen haben.

> **Expertentipp: Phasen lassen sich nicht vermeiden** !
>
> Die beschriebenen vier Phasen laufen nahezu gesetzmäßig in allen Teams ab. Es kann zwar Einfluss auf die Art und Weise der Bewältigung genommen werden — zu vermeiden sind diese Phasen allerdings kaum.

6.1 Forming: Die Mitglieder warten erst einmal ab

Die erste Zusammenkunft sowie die ersten gemeinsamen Tage und Aktionen dienen der gegenseitigen Orientierung. Es herrscht eine gewisse Spannung vor: „Wer sind die anderen?" und „Was genau sollen wir eigentlich tun?"

6.1.1 Vorfreude und Spannung im Team

Etwas Neues übt immer einen Reiz auf Menschen aus. Gleichzeitig rät die Vorsicht zur Distanz, solange noch nicht klar ist, wer in der neuen Umgebung vertrauenswürdig ist. So wird es in der ersten Phase weder zu Konflikten noch zu innovativen Lösungen kommen: Die Teammitglieder gehen höflich, aber unverbindlich, ähnlich wie beim Small Talk auf Partys, miteinander um.

Welche Aktionen beschäftigen die Teammitglieder?

Wer ein Team in der Formingphase auf die vier genannten Bereiche hin untersucht, wird folgende Merkmale feststellen können:

Vorgänge	Erleben
• Bestimmen des Teamleiters • Auswahl der Teammitglieder • Festlegen des Teamauftrags • Ableitung von Teamzielen • Klären der Ressourcen	• Unbestimmte bis positive, leichte Spannung • Unsicherheit
Verhalten	**Bedürfnisse**
• Zurückhaltendes Agieren • Vorsichtig • Unbestimmt • Annäherungsversuche	• Zugehörigkeit • Tieferes Kennenlernen der anderen • Sicherheit

Was steckt hinter dem Verhalten?

Hinter der abwartenden Haltung steht ein einzelner oder auch gleich mehrere Rollenkonflikte, die die Mitglieder eines Teams beschäftigen. Jeder Einzelne will sich einerseits als „gutes" Teammitglied integrieren, hat aber auch den Anspruch, eine besondere Rolle zu spielen. Hier konkurriert das Bedürfnis nach Selbstverwirklichung mit dem nach Zugehörigkeit. Diese beiden Grundbedürfnisse schließen sich nicht gegenseitig aus, sind aber auch nicht immer einfach miteinander vereinbar.

> **Expertentipp: Zielkonflikte** !
>
> Bedenken Sie in Ihrer Kommunikation mit Ihren Mitarbeitern, dass in Projektteams noch ein weiterer Rollenkonflikt hinzukommen kann. Der „eigene" Vorgesetzte wird bei der Entsendung eines Mitarbeiters in ein Projekt darauf drängen, dass die Abteilungs- oder Bereichsinteressen vertreten werden.
>
> Im Team selbst wird derselbe Mitarbeiter aber hören, dass hier über die Tellerränder hinweg gedacht werden soll und die Teamarbeit sowieso absolute Priorität habe.

Regeln geben ersten Halt

Gleich von Beginn an sollte klar sein, nach welchen Regeln das Team künftig funktionieren soll. So ist sichergestellt, dass alle Teilnehmer von vornherein wissen, was von ihnen in der Zusammenarbeit und beim Auftritt nach außen erwartet wird. Sinnvoll ist es, diese Spielregeln im Rahmen von Workshops gemeinsam zu erarbeiten.

> **Beispiel: Teamspielregeln** !
>
> - Wir verhalten uns anderen gegenüber so, wie wir von anderen behandelt werden wollen.
> - Wir sind uns untereinander Partner, weil wir ein gemeinsames Ziel verfolgen — wir konkurrieren nicht miteinander.
> - Wir kommunizieren offen und ehrlich miteinander.
> - Wir leisten Anerkennung für das, was der Einzelne schafft.
> - Wir üben sachlich Kritik — es wird über Inhalte, nicht über Personen gesprochen.
> - Wir halten uns an verbindliche Vereinbarungen und Entscheidungen.
> - Wir melden Bedenken stets vor der Entscheidung an — oder wir akzeptieren und tolerieren.
> - Wir handeln so, dass andere einen Nutzen davon haben — egal, ob innerhalb des Teams oder nach außen.
> - Wir bereiten uns so auf Meetings vor, dass wir Beiträge leisten können, von denen alle profitieren.
> - Wir geben Informationen schnell weiter. Kriterium für die Weitergabe ist nicht Politik, sondern der Nutzen für das Team.

6.1.2 To-dos in der Formingphase

- Geben Sie dem Team die Zeit, die es braucht.
- Begründen Sie, warum das Team gerade so aussieht und warum es gerade diese Mitglieder hat.
- Forcieren Sie das gegenseitige Kennenlernen, auch durch gemeinsame Aktivitäten außerhalb der Arbeit.
- Hören Sie Einzelnen aufmerksam zu, wenn sie auf ihre Ziele zu sprechen kommen.
- Achten Sie auf die Erwartungen an die Teamarbeit.
- Kommunizieren Sie das Teamziel deutlich.
- Nomen est omen – geben Sie dem Team einen Namen. Das stiftet Identität.
- Wertschätzen Sie die Anwesenheit eines jeden. So vermitteln Sie die Sicherheit, die die Teammitglieder jetzt suchen.
- Nutzen Sie die Möglichkeiten teambildender Trainings, um von Beginn an Gemeinsamkeit und Nähe zu schaffen.
- Legen Sie Regeln für die Zusammenarbeit fest.

6.2 Storming: Positionskämpfe im Team

In den meisten Teams entsteht nach einem teils euphorischen, teils erwartungsvollen Beginn das Gefühl, dass die Arbeit oder das Projekt nicht so vorankommt, wie sich die Teammitglieder das vorher ausgemalt haben.

6.2.1 Enttäuschung und Frust gefährden den Teamerfolg

Im Laufe der Zeit kann diese Diskrepanz zwischen Wunsch und Wirklichkeit immer größer werden. Dies hat zur Folge, dass sich die Harmonie der ersten Zeit als brüchig erweist. Denn bislang war alles so ausgeglichen, weil es einfach keinen Grund für Disharmonie und Meinungsverschiedenheiten gab! Mit der zunehmenden Unzufriedenheit darüber, dass „nichts vorwärtsgeht" geben die Teammitglieder auch ihre anfängliche Zurückhaltung auf.

Die Kennzeichen der Stormingphase

Aus dieser Enttäuschung und dem Frust entsteht die konfliktreiche Stormingphase, die durch folgende Merkmale gekennzeichnet ist:

Storming: Positionskämpfe im Team 6

Vorgänge	Erleben
• Offene und verdeckte Konflikte • Cliquenbildung • Mühsames Vorwärtskommen	• Enttäuschung über nicht erfüllte Erwartungen • Angst vor dem eigenen Versagen • Angst vor dem Teamversagen • „Von den Schnellen geschoben, von den Langsamen gebremst"
Verhalten	**Bedürfnisse**
• Streit um Ziele, Lösungen, Kompetenzen • Absicherung der eigenen Position im unsicheren Terrain • Suche nach Partnern und Koalisten • Schuldzuweisungen	• Fruchtbares und gesundes Arbeitsklima • Zielgerichtetes Vorgehen, auch „straffe Führung" • Wunsch nach Wir-Gefühl

Wie die Konflikte entstehen

Ab einem bestimmten Punkt übersteigt die Frustration bei den meisten Menschen das Harmoniebedürfnis. Von diesem Moment an machen die einzelnen Teammitglieder den jeweils anderen für die Schwierigkeiten und das bisherige Scheitern verantwortlich. Die Macher werfen den Detaillisten vor, zu bremsen – andersrum beschweren sich die Detaillisten über die angeblich ziel- und planlose Hektik der Macher. Visionäre gelten als Tagträumer und Sammler als zwanghaft. So lässt sich bei genügend Fantasie für jeden Mitarbeiter im Team wenigstens ein Grund finden, warum gerade er für das Scheitern verantwortlich ist. In dieser Phase kann es, abhängig von der jeweiligen konkreten Situation, mehrere Reaktionstendenzen geben:

- Der Sinn der Arbeit wird infrage gestellt.
- Die Zielsetzung oder die Rahmenbedingungen werden verändert.
- Es wird nach einer Entscheidung von oben und „straffer Führung" gerufen.
- Das Team will den Auftrag zurückgeben und sich auflösen.

Mit diesen Reaktionen müssen Sie rechnen

Das Verhalten von Mitarbeitern in dieser Phase ist häufig eher destruktiv und dient der Sicherung eigener Interessen. Der Teamleiter muss in diesen stürmischen Zeiten mit einigen unangenehmen und irrationalen Phänomenen im Vorgehen der Teammitglieder rechnen:

- **Kampfverhalten**: Angriffe, Aggressionen, Killerphrasen, Zynismus und Spott
- **Fluchttendenzen**: Ausweichen vor Problemen und Verantwortung, intellektuelle Wortgefechte um abgelegene Details und Witzeln
- **Abhängigkeitsverhalten**: Warten auf „klare" Anweisungen, Bestehen auf Richtlinien und Vorschriften sowie Anpassung ohne innere Überzeugung
- **„Freiheitskämpfe"**: Rebellion, Aufsässigkeit und Ablehnen der Spielregeln
- **Einigelung**: Feindliche Haltung gegenüber Kunden, Kollegen oder Außenstehenden, Cliquenbildung innerhalb des Teams
- **Totstellen**: Nichts wissen, sich an nichts erinnern, vergessen, Dienst nach Anweisung, handeln nur nach konkreten Befehlen sowie wenig eigene Ideen, keine Vorschläge haben

Wie Sie die schwierige Zeit meistern

Die Voraussetzungen, um diese schwierige Phase zu bewältigen, sind dann gegeben, wenn alle Mitarbeiter akzeptieren, dass
- eine solche schwierige Phase durchaus üblich und notwendig für die Teamentwicklung ist,
- sich in diesen Konflikten gleichzeitig das Potenzial, die Vorstellungen und Interessen aller Mitarbeiter so deutlich zeigen, wie dies bisher noch nicht der Fall war,
- verschiedene Standpunkte bei entsprechender Handhabung ein Gewinn sind und alle Standpunkte ihre Berechtigung haben.

6.2.2 To-dos in der Stormingphase

- Beobachten Sie, was passiert. Achten Sie auf die sich entwickelnden Machtstrukturen und die Rollen, die aufgesucht werden.
- Berücksichtigen Sie den Frust des Einzelnen — jede Enttäuschung hat ihre Berechtigung.
- Überbewerten Sie „emotionale Entgleisungen" nicht.
- Verhindern Sie, dass neue Konflikte geschürt werden.
- Suchen Sie nach den Dingen, die funktionieren — machen Sie mehr davon.
- Beziehen Sie das Team in die Sensibilisierung für die Stormingphase mit ein.
- Argumentieren Sie gerade in dieser Phase vornehmlich auf der Sachebene.
- Schalten Sie rechtzeitig einen Teamcoach ein, bevor ein Zerwürfnis nicht mehr revidierbar ist.

> **Expertentipp: Stormingphase aufarbeiten** !
>
> Die Stormingphase stellt an Sie als Teamleiter besondere Herausforderungen. Denn wenn diese Phase nicht adäquat bewältigt wird, ist zu befürchten, dass sich das Team auflöst oder einzelne Kompetenzträger ihm den Rücken zukehren.

6.3 Norming: Festklopfen der Umgangsregeln

In der dritten Phase des Teamentwicklungsprozesses steht weniger das Teamziel im Mittelpunkt, sondern die Art und Weise, wie es erreicht werden soll. Und dieses Problemfeld schließt Umgangsformen, Ansprüche aneinander, Spielregeln und den Umgang mit Konflikten ebenso ein wie Arbeitsmethoden und Koordinationsgeschick.

6.3.1 Wie sich Regeln im Team bilden

Die Mitglieder des Teams müssen an dieser Stelle erkennen, dass es notwendig ist, sich nicht nur mit den Teamzielen, sondern genauso mit den Prozessen im Team auseinanderzusetzen.

Was geschieht in der Gruppe?
Die folgenden Merkmale kennzeichnen die Normingphase:

Vorgänge	Erleben
• Akzeptanz der Realität • Akzeptanz anderer Personen und Standpunkte • Feste Rollen und Aufgabenverteilungen bilden sich heraus	• Selbstvertrauen nimmt zu • Vertrauen in die anderen nimmt zu • Zunehmendes Wir-Gefühl •
Verhalten	**Bedürfnisse**
• Neue Umgangsformen und Verhaltensweisen • Erste teaminterne Witze und Slogans werden genutzt • Vermeiden von Schuldzuweisungen	• Wunsch nach Zielerreichung • Sicherung der gefundenen Kompromisse • Weitere Klimaverbesserung

So bewältigt Ihr Team die Normingphase

Offene Kommunikation, auch mit externer Unterstützung, ist Voraussetzung, um die Normingphase mit Gewinn hinter sich zu bringen. Im Fokus der Teamarbeit sollten die wahrgenommenen Schwierigkeiten stehen. Dabei sind alle Wortmeldungen wichtig. Ziel der Auseinandersetzung mit diesen Problemen ist nicht, nur Einzellösungen zu finden, sondern Spielregeln zu entwickeln, die künftig gelten und nach Möglichkeit verhindern sollen, dass das Team in die Stormingphase zurückfällt.

6.3.2 To-dos in der Normingphase

- Der Weg ist das Ziel: Berücksichtigen Sie das „Wie" des Miteinanders ebenso wie das Ziel.
- Finden Sie die Pole im Team. Suchen Sie jene Aufgaben, die Komplementäre brauchen, und führen Sie diese Pole zusammen.
- Fragen und suchen Sie nach Spielregeln.
- Werden Sie nicht müde, die Einhaltung der Spielregeln einzufordern.
- Argumentieren Sie mehr auf der Beziehungsebene als bisher — und nehmen Sie dabei stets Bezug auf die Teamziele.

6.4 Performing: Mitarbeiter übernehmen aktiv Verantwortung

In dieser Phase hat das Team den Zustand der Reife erreicht. Das Wir-Gefühl klettert auf ein neues Niveau und die Mitarbeiter sind froh, ein aktives Mitglied des Teams zu sein.

6.4.1 Aufgaben werden selbstbewusst angegangen

Alle Beteiligten haben ein starkes Selbstvertrauen in sich selbst und in die Gruppe als Ganzes. Mit diesem Rückenwind nehmen die Mitarbeiter neue Herausforderungen selbstbewusst in Angriff. Die erreichten Ergebnisse sind zugleich Anlass zu Stolz und gegenseitiger Ansporn.

Erfolgskennzeichen für ein Team

Folgende Merkmale kennzeichnen die Performingphase:

Vorgänge	Erleben
• Ideenreiche, flexible Arbeitsweise • Offenes, freundschaftliches Klima • Zielerreichung bzw. sehr gute Auftragserfüllung	• Starkes Wir-Gefühl und Identifikation • Stolz auf die eigene Leistungen und die des Teams • Eigene Ziele gehen in den Teamzielen auf
Verhalten	**Bedürfnisse**
• Starke Nutzung informeller Informationswege • Gemeinsame Freizeitaktivitäten • Hilfsbereitschaft gegenüber anderen im Team	• Wunsch nach Aufrechterhaltung der Teamstruktur • Wunsch nach Sicherung des Klimas • Auftragserweiterung

Teamleiter kann verstärkt delegieren

Das Arbeitsklima im Team zeichnet sich durch eine hohe Sach- und Personenorientierung aus. Der Teamleiter kann mehr und mehr seiner Führungstätigkeit abgeben und sie je nach Diskussionsstand auf andere Mitarbeiter übertragen. Es gilt das Prinzip der gemeinsamen Verantwortung für die Ergebnisse — sowohl für Erfolge als auch für Rückschläge.

6.4.2 To-dos in der Performingphase

- Hinterfragen Sie die Spielregeln. Sie wurden bestimmt, um dem Team zu helfen. Lassen Sie eine Entwicklung der Regeln zu — das Team entscheidet.
- Achten Sie jedoch auch auf die Einhaltung der Spielregeln. Es macht Sinn, dass diese bestimmt wurden.
- Regen Sie stets Weiterentwicklung an.
- Lassen Sie es zu, dass die Erfolge gefeiert werden.
- Lassen Sie es nicht zu, dass man es sich auf den Lorbeeren gemütlich macht, sondern geben Sie systematisch-strukuriertes Feedback.

> **Expertentipp: Phasen sind nicht starr**
>
> Auch wenn diese Phasen fast immer in der Teamentwicklung auftreten — sie sind keine festgelegten Größen, die es abzuarbeiten gilt. Vielmehr gehen sie fließend ineinander über und können sich zeitweise überlappen.
>
> Selbst mit einem Rückschritt von einer Phase in die vorhergehende müssen Sie in bestimmten Situationen, z. B. bei veränderten Rahmenbedingungen, einem neuen Auftrag oder neuen Mitarbeitern, möglicherweise rechnen.

7 Meetings vorbereiten, moderieren und nachbereiten

Meetings sind der Herzschlag eines jeden Teams. Ihr Verlauf zeigt, wie „gesund" die Gruppe ist und wie die Zusammenarbeit läuft. Finden lange und ergebnislose Debatten statt oder wird zügig, zielorientiert und produktiv miteinander gesprochen? An diesem Punkt der Zusammenarbeit entsteht schnell ein Kreislauf: Sind die Meetings unproduktiv, wirkt sich das unmittelbar auf die Arbeit aus, denn die Mitarbeiter wissen nicht mehr genau, wohin es eigentlich gehen soll. Dies hat zur Folge, dass es bei der nächsten Zusammenkunft wieder nicht viel zu präsentieren gibt — was die Stimmung erneut beeinträchtigt.

Lesen Sie in diesem Kapitel,
- welche Art Meeting Sie zu welchem Anlass einberufen sollten,
- wie Sie sich perfekt auf das Meeting vorbereiten können,
- mit welchen Mitteln es Ihnen gelingt, das Beste aus einem Treffen zu holen
- und wie Sie einen geordneten Ablauf sowie eine sinnvolle Nachbereitung sicherstellen.

7.1 Welche Aufgabe hat das Meeting?

Meetings haben unterschiedliche Funktionen. Sie können dazu dienen,
- Abstimmungsarbeit zu leisten,
- neue Informationen auszutauschen,
- gemeinsam an Lösungen zu arbeiten.

Dabei muss nicht jedes Treffen alle diese Punkte behandeln, im Gegenteil, oft geht es nur um die schnelle Information Einzelner oder der ganzen Gruppe. Wer sich im Vorfeld gründlich überlegt, welches Ziel er mit dem Meeting verfolgt, verhindert, dass zu viele oder zu wenige Teilnehmer anwesend sind oder dass die Erwartungen an die Ergebnisse des Treffens weit auseinandergehen.

> **Expertentipp: Jedes Meeting zu seiner Zeit**
> Überlegen Sie sich immer, welche Art von Meeting Sie jeweils einberufen wollen. Jede Form eignet sich für einen besonderen Zweck und ist an anderer Stelle eher hinderlich als förderlich für die weitere Arbeit.

7.1.1 Diese Meetingformen sollten Sie kennen

Nicht jedes Problem macht es erforderlich, dass das gesamte Team tagt, und bei galoppierenden Entwicklungen kann es auch vorkommen, dass in einem Treffen nur der Stand der Dinge ausgetauscht, nicht aber inhaltlich gearbeitet wird. Je nach Anlass stehen dem Teamleiter verschiedene Meetingformen zur Verfügung.

Teammeeting: Regelmäßiger Informationsaustausch

Die wichtigste Meetingform ist das Teammeeting. Es sollte regelmäßig, mindestens alle zwei bis vier Wochen, stattfinden. Außerdem sollten alle Teammitglieder daran teilnehmen. In diesen meist ein- bis zweistündigen Treffen geht es darum, Abläufe abzustimmen, Bericht über die zurückliegenden Tätigkeiten zu erstatten und Informationen auszutauschen, Probleme zu besprechen sowie Entscheidungen zu treffen.

Die Beobachtung der Fortschritte bei anderen Teammitgliedern stellt eine Messlatte dar und spornt zu eigener Leistung an. Daneben dienen die Teammeetings auch dazu, das aktuelle Klima festzustellen und — wenn nötig — an der Zusammenarbeit zu feilen. Die regelmäßigen Treffen halten Termine und Aufgaben stets im Fokus der Aufmerksamkeit, und die Informationskanäle bleiben offen.

Wichtig ist, dass die Agenda als festen Punkt „Aktuelles" vorsieht, damit die Gruppe spontan auf neue Entwicklungen reagieren kann.

Focus Group: Problemlösung unter Experten

Eine Focus Group beruft der Teamleiter dann ein, wenn es um Lösungen für Schwierigkeiten geht, die nicht im Rahmen eines „normalen" Meetings erarbeitet werden können. Hier treffen sich zwei bis vier Teammitglieder, die Experten für das Problem sind, als Untergruppe. Je nach Schwierigkeitsgrad kann eine solche Besprechung bis zu zwei Tage dauern. Eine Focus Group benötigt keine explizite Führung. Sie entspricht eher einem „Expertenrat" für die Lösung spezifischer Probleme.

Progressmeeting: Alle auf einen Stand bringen

Das Progressmeeting ist die schnellste Form des Zusammentreffens. Ziel ist hier, alle Teammitglieder möglichst rasch über den Stand des Fortschritts zu informieren oder eine Tages- bzw. Wochenagenda zu erarbeiten. Entsprechend kurz sind die Progressmeetings: Länger als zehn bis 15 Minuten sollten sie nicht dauern.

> **Expertentipp: Keine inhaltliche Arbeit** !
>
> Widerstehen Sie bei einem Progressmeeting der Versuchung, doch in die inhaltliche Arbeit einzusteigen. Diese Form der Besprechung dient ausschließlich dem Update hinsichtlich des Projektfortschritts. Die Teammitglieder sollen im Anschluss in der Lage sein, anhand der Informationen zum Gesamtstand selbst zu entscheiden, bis wann sie welche Teilaufgaben erledigen müssen.

One-to-One: Informationen unter vier Augen

Das One-to-One-Meeting ist die kleinste Form eines Treffens. Hier geht es ausschließlich darum, Informationen an relevanten, teaminternen Schnittstellen weiterzugeben. Teilnehmer sind daher nur der Informationsgeber und der Informationsnehmer. Ein One-to-One-Meeting kann formell angeordnet werden, z. B. durch einen Beschluss im Teammeeting oder als Folge eines Progressmeetings. Es findet aber häufiger ganz spontan und informell statt. Auch die Dauer ist nicht festgelegt, je nach Bedarf und Abstimmung ist das Treffen länger oder kürzer.

Das One-to-One-Meeting kann jedes Thema behandeln und muss in der Regel nicht protokolliert werden. Oft reicht eine Information im Progressmeeting aus, dass der Austausch stattgefunden hat.

Reporting-Meeting: Präsentation von Fakten

Wenn sich die Information an mehrere Personen richtet, ist ein Reporting-Meeting angebracht. Der Informationsgeber präsentiert die Fakten an seine teaminternen Kunden, die anschließend mit dem neuen Wissen weiterarbeiten können. Im Grunde entspricht es einem Teammeeting mit nur einem Tagesordnungspunkt. Auch dieses Treffen wird nach Bedarf einberufen und abgehalten, es sollte aber nicht länger als maximal 30 Minuten dauern.

7.1.2 Welchen sozialen Nutzen Teammeetings haben

Neben den wichtigen organisatorischen Funktionen haben die Treffen stets auch soziale Funktionen, die nicht zu vernachlässigen sind. Denn hier vereinbaren die Teammitglieder „inoffiziell" die Spielregeln für das Miteinander, das im „offiziellen" Rahmen gelten soll.

> **Expertentipp: Meetings als Motivationsmittel**
>
> Nutzen Sie die Besprechungen im Team dazu, Ihrem Team Richtung und Geschwindigkeit vorzuleben. Produktive Meetings sind Voraussetzung für eine ergebnisorientierte Teamarbeit. Die Art und Weise, wie sie stattfinden, hat Signalwirkung für den Arbeitsstil der einzelnen Teammitglieder.

7.2 So bereiten Sie Meetings vor

Meetings sind bei vielen Mitarbeitern unbeliebt. Sie haben den Ruf, Zeitverschwendung zu sein und von der eigentlichen Arbeit abzuhalten. Mit einer guten Vorbereitung allerdings werden Meetings zu machtvollen und zielgerichteten Kommunikationsinstrumenten. Wer sich auf ein Treffen gründlich präpariert, muss allerdings weit mehr tun, als einen Besprechungsraum zu reservieren und Kekse und Getränke bereitzustellen. Die Vorbereitung beginnt bereits bei den Überlegungen, was mit dem Treffen überhaupt bezweckt wird und wer zur Zielerreichung sinnvoll etwas beitragen kann.

7.2.1 Ist das Meeting notwendig?

Als erstes muss sich der Teamleiter fragen, ob es tatsächlich notwendig ist, ein Meeting einzuberufen. Wenn die Teilnehmer das Gefühl haben, dass nichts Neues hinzukommt, sondern nur Bekanntes durchgesprochen wird, dann ist das

7 So bereiten Sie Meetings vor

ein Zeichen dafür, dass das Treffen zu einer anderen Zeit, in einer anderen Zusammensetzung oder auch gar nicht hätte stattfinden müssen.

Was wollen Sie mit dem Meeting erreichen?

Am Beginn sollte sich der Teamleiter darüber klar werden, welches Ziel er selbst verfolgt und mit welcher Meetingform er es am besten erreichen kann. Gilt es, alle Teilnehmer zu informieren und von ihnen Ideen und Vorschläge einzusammeln? Oder sollen Experten in einer kleinen Runde konzentriert an der Lösung eines Problems arbeiten? Lässt sich das Ziel womöglich auch auf ganz anderen Wegen erreichen, z. B., indem es ein einzelnes Teammitglied als gesonderte Aufgabe übertragen bekommt? Um die Entscheidung, ob eine Besprechung durchgeführt werden soll, zu erleichtern, ist der Einsatz einer Checkliste sinnvoll.

Checkliste: Ist das Meeting sinnvoll?	Ja	Nein
Rechtfertigen die anstehenden Aufgaben den Aufwand?		
Betrifft das Problem alle Teilnehmer?		
Könnte ein Einzelner durch einige gezielte Rückfragen das Problem allein lösen?		
Kann die Gruppe das Problem wirklich besser lösen als ein Einzelner oder ein kleines Sub-Team?		
Können die Teilnehmer das Problem überhaupt lösen oder ist es notwendig, die Rahmenbedingungen zu verändern?		
Verbessert das Sammeln von Ideen und Meinungen die Qualität der Entscheidung?		
Ist es wichtig, dass die Entscheidung von vielen verstanden und getragen wird?		
Können alle Beteiligten einen Nutzen aus der Besprechung ziehen?		

Wer soll an der Besprechung teilnehmen?

Die nächste Überlegung gilt den Teilnehmern. Wie schon erläutert, bedeutet ein Meeting nicht, dass automatisch alle Teammitglieder dabei sein müssen. Sinnvoller ist es, sich rechtzeitig Gedanken über die Gruppengröße und die notwendigen Teilnehmer zu machen.

Auswahlkriterien für die Teilnehmer	Ja	Nein
Jeder Teilnehmer hat eine dem Besprechungsziel dienende Funktion.		
Jeder Teilnehmer weiß über die an ihn gestellten Erwartungen Bescheid.		
Durch bestimmte Teilnehmer werden verschiedene Zielsetzungen mit eingebracht.		
Es nehmen nur Mitarbeiter teil, die selbst von der Besprechung profitieren oder einen Beitrag leisten können.		
Mit den Besprechungsteilnehmern sind Entscheidungen möglich, die umgesetzt werden können bzw. repräsentativ sind.		
Mit den beteiligten Mitarbeitern werden Probleme diskutiert und nicht wegdiskutiert.		
Die Teilnehmer können sich die angesetzte Zeit für das Meeting freihalten.		

Kompetenztest: Meetingteilnehmer befragen

Blicken Sie zurück und analysieren Sie das letzte Meeting, das unter Ihrer Leitung stattgefunden hat. Was lief gut? Haben Sie Ihr Ziel erreicht? Waren die Teammitglieder engagiert an den Diskussionen beteiligt? Waren alle Anwesenden auch tatsächlich von den besprochenen Themen betroffen? An welchen Punkten sehen Sie noch Verbesserungspotenzial?

Fragen Sie nun auch Ihre Teammitglieder nach deren Einschätzung. Teilen sie Ihre Meinung über die positiven und negativen Eindrücke? Welche Optimierungsmöglichkeiten sehen sie? Sind womöglich Kollegen der Meinung, sie selbst hätten nicht an der Besprechung teilnehmen müssen, weil das Thema sie gar nicht betraf?

Tragen Sie die unterschiedlichen Meinungen zusammen und versuchen Sie, die mangelhaften Punkte zu korrigieren.

7.2.2 Gestalten Sie eine Agenda

Zeit ist Geld! Verschwenden Sie nicht die Ressourcen Ihrer Mitarbeiter. Sorgen Sie mit einer Agenda dafür, dass im Treffen zielgerichtet alle wichtigen Punkte zur Sprache kommen.

> **Expertentipp: 75 Minuten reichen aus**
>
> Als Faustregel kann gelten: 75 Minuten sind für ein reguläres Meeting genug, um eine Agenda vollständig abzudecken. Die Ausnahme bilden hier Taskforce-Groups oder Klausuren, in denen unter hermetischen Bedingungen bis zu drei Tage hintereinander gearbeitet wird. Diese Form ist aber der Ausnahmefall und nur unter bestimmten Bedingungen sinnvoll, z. B. im Rahmen jährlicher Strategiemeetings.

Wie Sie durch die richtige Dramaturgie Energien freisetzen

Eine Agenda ist mehr als die Ansammlung möglicher Tagesordnungspunkte. Vielmehr legt sie die Dramaturgie des Meetings fest und hat dadurch einen großen Einfluss auf dessen Erfolg.

- An den Beginn des Treffens gehören Punkte, die „Quick-wins" für die Beteiligten versprechen und möglichst viele Mitarbeiter einbinden. So werden die Teilnehmer auch gedanklich von ihren Schreibtischen weggeholt.
- In der Mitte sollten die schwierigen Punkte bearbeitet werden. Nach dem positiven Start sind hier die Aufmerksamkeit und die physiologische Wachheit besonders groß. Diese Phase sollten sie für die „harte Arbeit" nutzen.
- Den Schlusspunkt sollte in jedem Fall wieder ein leicht zu bewältigender Gegenstand setzen, um mit einem Erfolgserlebnis enden zu können.

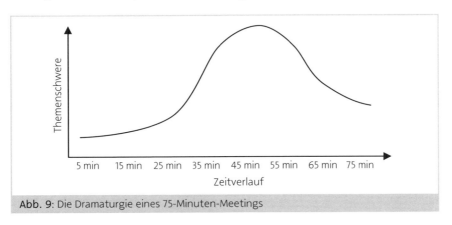

Abb. 9: Die Dramaturgie eines 75-Minuten-Meetings

Machen Sie die Agenda bekannt

Wenn die Agenda vorbereitet ist, sollte der Teamleiter dafür sorgen, dass sie bei allen Beteiligten bekannt ist. Nur so ist sichergestellt, dass alle Teilnehmer auch gut vorbereitet zum Meeting erscheinen. Gelegentlich kann es sinnvoll sein, sie auch Nichtteilnehmern zukommen zu lassen. Dabei gilt es aber, sich zu überlegen, inwieweit Aufwand und Nutzen in vernünftigen Relationen zueinander stehen. Sicher kann es vorkommen, dass die reine Information über die Agenda nichts bringt. In diesen Fällen ist es aber denkbar, dass nicht die Agenda, sondern das Ergebnisprotokoll einen Informationsgewinn bringt.

> **Expertentipp: Oft ist weniger mehr**
>
> Schütten Sie Mitarbeiter im Zweifelsfall nicht mit Informationen zu, die sie nicht selbst einfordern!

> **Beispiel: Meeting-Agenda**
>
> Der Teamleiter hat eine Agenda für das kommende Teammeeting erstellt.
>
> | Thema | Verantwortlich | Priorität | Zeitumfang |
> |---|---|---|---|
> | Report Marktrecherche | Tom | mittel | 10 – 15 min |
> | Entscheidung Name der Produktlinie | Marie | hoch | 20 – 30 min |
> | Progress-Report | alle | mittel | 15 min |

„Verantwortlich" meint hier, dass die genannten Mitarbeiter für die Gestaltung und Führung des betreffenden Tagesordnungspunkts zuständig sind. In der Regel sind dies auch die Experten für das Thema. Es fällt auch in ihren Aufgabenbereich, die Redebeiträge zu steuern und eine Entscheidung herbeizuführen.

7.3 Holen Sie das Beste aus einem Meeting heraus

Die meisten Meetings sollten als Chance für die gemeinsame Problemlösung genutzt werden, denn hier sitzen alle kompetenten Mitarbeiter an einem Tisch. Für die reine „Einweg-Kommunikation" sind die Besprechungen zu schade, dafür stehen andere Medien wie E-Mail, Fax, Telefon und Kopierer zur Verfügung. Vielmehr sollen im Meeting möglichst alle Teilnehmer nicht nur zu Wort kommen, sondern zudem zu Lösungen für bestehende Probleme beitragen. Das ist zwar keine leichte Aufgabe für den Moderator, aber mit den richtigen Kreativitätstechniken ist sie zu bewältigen.

7.3.1 Setzen Sie auf interaktive Treffen

Damit das Meeting möglichst produktiv ist und viel vom Inhalt auch in den Arbeitsalltag übernommen wird, sollte der Teamleiter den Teilnehmern eine aktive Mitarbeit ermöglichen. Dabei gilt die Faustregel:

- 20 Prozent des Gehörten,
- 30 Prozent des Gesehenen,
- 50 Prozent Gesehenes und Gehörtes,
- 70 Prozent des selbst Gesprochenen,
- 90 Prozent des selbst Erarbeiteten

bleibt beim Adressaten tatsächlich haften.

Damit die Teilnehmer möglichst viel behalten, sollten Meetings daher so interaktiv wie möglich gehalten werden. One-Man-Shows einzelner Teilnehmer sind unerwünscht. Sonst droht die Gefahr, dass die anderen Teilnehmer Entscheidungen nur noch abnicken, statt sie mitzuentwickeln und mitzutragen.

7.3.2 Kreativitätstechniken bringen neue Lösungen

Wenn es im Meeting darum geht, Schwierigkeiten im Projekt zu beheben, ist der Einsatz von Kreativitätstechniken gefragt. Sie sind geeignet, alle Teilnehmer „ins Boot" zu holen. Außerdem lassen sich dadurch voreilige Entscheidungen vermeiden und das gesamte Potenzial des Teams kann genutzt werden. Bekannte Kreativitätstechniken sind:

Mindmap-Methode: Kompliziertes auf einen Blick erfassen

Die Mindmap-Methode ermöglicht es, ein kompliziertes Thema umfassend zu überblicken und Zusammenhänge sowie Strukturen visuell darzustellen. Mindmaps fördern das sprunghafte Denken beider Hirnhälften.

Das Vorgehen ist sehr einfach: In der Mitte eines Blattes wird ein Kreis gezogen, in den das Thema geschrieben wird. Hauptstichpunkte werden als Äste angefügt, Details als Zweige. Ist ein Punkt bearbeitet oder teilweise erledigt, lässt sich dies mit Zahlen und Häkchen kennzeichnen.

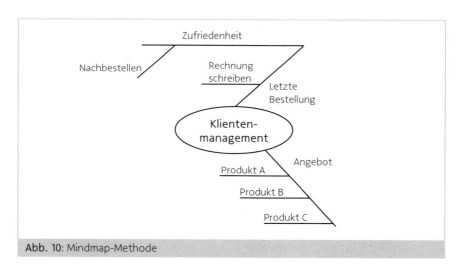

Abb. 10: Mindmap-Methode

Galerie-Methode: Weiterentwicklung bestehender Ideen

Mit der Galerie-Methode ist es möglich, bestehende Lösungsansätze auszubauen. Besonders positiv ist, dass dieses Vorgehen gruppendynamische Effekte bei der Lösungssuche verhindert.

Der Moderator des Meetings stellt für jeden Problembereich oder Lösungsansatz ein Flipchart auf und hält darauf bereits vorhandene Ansätze fest. Die Teilnehmer gehen dann — wie in einer Galerie — von Chart zu Chart und notieren ihre Kritik, Anregungen und Ideen. Im Anschluss wertet die Gruppe die Notizen aus.

Brainstorming: Schlechte Ideen gibt es nicht

Das Brainstorming gehört zu den bekanntesten Kreativitätstechniken überhaupt. Es fordert zum Querdenken auf, regt Diskussionen an und sorgt so dafür, dass ungewöhnliche Lösungsvorschläge entstehen.

Die zu beantwortende Frage oder das Thema wird zunächst durch das Anschreiben an das Flipchart oder die Darstellung über den Computer visualisiert. Anschließend sagen die Teilnehmer, was ihnen spontan dazu einfällt. Alle Äußerungen werden in einem Ideenpool gesammelt, der für die weitere Verwendung nach der Brainstormingphase zur Verfügung steht.

> **Expertentipp: Regeln beim Brainstorming**
>
> Damit das Brainstorming zu den gewünschten Ergebnissen führt, sollten Sie auf die Einhaltung einiger spezieller Regeln achten:
> - Jeder muss den anderen ausreden lassen.
> - Es dürfen keine Wertungen vorgenommen werden.
> - Es wird laut gedacht.
> - Es gibt keine richtigen oder falschen Ideen.

Brainwriting: Aktivierung aller Teilnehmer

Ziel des Brainwritings ist es, eine größere Anzahl komplexer Vorschläge zu generieren. Dabei werden mehrere Teilnehmer — auch jene, die sich sonst in Besprechungen eher zurückhalten — miteinbezogen, jeweils die Ideen der anderen Anwesenden weiterzuentwickeln.

Beim Brainwriting erhalten alle Teilnehmer ein Formular, auf dem das Thema oder die Frage notiert ist. Jeder trägt drei Lösungsansätze in sein Formular ein und reicht dieses nach fünf Minuten an seinen Nachbarn weiter. Der ergänzt die Ideen seines Vorgängers. Nach weiteren fünf Minuten erfolgt ein weiterer Tausch, das Formular wandert weiter zu einem dritten Teilnehmer. Abschließend erfolgt eine Bewertung der Ergebnisse.

Brainwriting-Formular			
Teilnehmer	Lösungsansatz 1	Lösungsansatz 2	Lösungsansatz 3
1			
2			
3			
...			

Kompetenztest: Kreativitätstechniken anwenden

Überlegen Sie sich, welches Problem derzeit im Zusammenhang mit Ihrem Teamauftrag noch ungelöst ist. In welchem Bearbeitungsstadium befindet es sich? Geht es noch darum, die Problematik grundsätzlich zu erfassen? Oder bestehen bereits Lösungsansätze? Wollen Sie die eher stillen Teammitglieder dazu bringen, Ideen einzubringen?

Wählen Sie je nach Stand des Problems die geeignete Kreativitätsmethode aus und führen Sie sie im nächsten Meeting mit Ihren Mitarbeitern durch.

7.4 Wie Sie das Meeting erfolgreich durchführen

Wenn im Team durch den Einsatz von Kreativitätstechniken erst einmal Ideen auf dem Tisch liegen, muss der Moderator die Diskussion darüber sinnvoll steuern und die Ergebnisse festhalten.

> **Expertentipp: Wechselnde Moderatoren** !
>
> Es ist nicht notwendig, dass Sie als Teamleiter auch automatisch immer die Moderation übernehmen. Im Gegenteil: Lassen Sie die Leitung der Besprechungen unter allen Teammitgliedern rotieren. So schaffen Sie Verantwortungsgefühl für die gesamte Arbeit und ermöglichen Ihren Mitarbeitern den Blick über den eigenen Tellerrand hinaus.

7.4.1 Spielregeln für ein Meeting

Der Moderator muss auf die Einhaltung grundlegender Regeln der Zusammenarbeit achten. Es gilt, ein Klima zu sichern, in dem sich alle Anwesenden gegenseitig Aufmerksamkeit und Wertschätzung entgegenbringen. Dies gilt besonders bei Unterbrechungen, die die Wichtigkeit des aktuellen Geschehens infrage stellen würden.

„Benimm-Regeln" für Besprechungen

Pünktlichkeit sollte von Anfang an Bestandteil des Qualitätsstandards sein. Es gehört zur Wertschätzung anderer Personen, diese nicht warten zu lassen.

> **Expertentipp: Keine Kavaliersdelikte** !
>
> Wenig sinnvoll sind in diesem Zusammenhang Regeln, nach denen ein „Zu-spät-Kommer" z. B. eine Runde Kekse an alle ausgeben muss. Damit wird dieser Verstoß gegen eine Grundregel zum willkommenen Kavaliersdelikt, das sogar gern gesehen wird.

Schon im Vorfeld sollte der Moderator sicherstellen, dass weder Nachrichten noch unerwartete Besucher das Treffen unterbrechen können. Am sinnvollsten ist es, einen entsprechenden Hinweis an der Tür des Meetingzimmers mit der Bitte, nicht zu stören, anzubringen. Natürlich lassen sich auf diese Weise nicht alle Nachrichten verhindern, für Notfälle gelten Ausnahme. Allerdings sollte der Moderator sofort entscheiden, ob die Meldung kritisch ist oder nicht. Wenn nicht — fahren Sie unverzüglich mit der Besprechung fort.

Ebenso unhöflich ist es, wenn Teilnehmer während der Besprechung ständig aufspringen, um „ein wichtiges Telefonat" anzunehmen. Anrufer sollten für die Zeit des Meetings auf den Apparat eines Kollegen oder einen Anrufbeantworter umgeleitet werden.

Es ist übrigens sinnvoll, wenn während eines längeren Meetings Erfrischungen zur Verfügung stehen. Wenn Wasser, Säfte und Kaffee nicht im Raum sind, sollten sie zu einem bestimmten Zeitpunkt gebracht werden.

Vermindern Sie den Lärmpegel

Besprechungen werden nicht nur von außen gestört — auch die Teilnehmer selbst verursachen oft viele lästige Hintergrundgeräusche. Der Moderator sollte daher darauf achten, dass ...

- ... Papier nicht übertrieben geräuschvoll bewegt wird. Hier helfen nonverbale und zur Not auch direkte Hinweise.
- ... während einer Präsentation nicht laut und störend gesprochen wird. Der Moderator sollte in diesen Fällen nachfragen, ob das abseits Gesprochene für alle von Interesse sein könnte.
- ... keine Laptops benutzt werden, es sei denn, es gehört zum aktuellen Beitrag. Der Beitrag sollte die volle Aufmerksamkeit aller erhalten — und der Moderator darauf bei Störungen hinweisen.

Viele Teams geben sich übrigens am Beginn der Teamarbeit selbst Spielregeln für Meetings, um die Treffen und die Diskussion möglichst effektiv zu gestalten.

> **Beispiel: Spielregeln für Meetings**
>
> - Wir achten die Arbeit und die Zeit anderer.
> - Jeder Beitrag ist wichtig. Wir lassen einander ausreden.
> - Wir versuchen, die Perspektive anderer einzunehmen.
> - Wir kritisieren Tatsachen und Fakten, keine Personen.
> - Offenheit ist ein Prinzip unserer Meetings und macht sie erfolgreich.
> - Wir denken in Zielen und Lösungen statt in Problemen und Hindernissen.

Wie Sie zu sinnvollen Meetingregeln kommen

Um Absprachen zu treffen, die auch tatsächlich den Bedarf der Gruppe treffen, ist es hilfreich, die zurückliegenden Meetings genauer zu betrachten und sich zu fragen, ob man mit dem Verlauf zufrieden war. Wenn der Teamleiter glaubt, dass die Meetings verbesserungsbedürftig sind, sollte er sich daran machen, Regeln zu erarbeiten.

Dabei ist es sinnvoll, wenn er im ersten Schritt selbst eine Liste erstellt, in der er die Punkte aufführt, die ihm aufgefallen sind und ihn konkret stören. Anschließend sollte er auch die anderen Teilnehmer bitten, eine solche Zusammenstellung zu verfassen.

Um die Regeln dann tatsächlich festzulegen, sollte ein eigenes Treffen angesetzt werden. Je nach Bedarf werden darin unterschiedliche Fragen besprochen.

> **Checkliste: Meetingregeln erstellen**
>
> Wie gelingt es uns, dass wir als Teilnehmer besser vorbereitet in die Meetings gehen? Welcher Zeitraum ist für die individuelle Planung angemessen?
>
> Wie sollte künftig die Agenda gestaltet sein?
>
> Wie gehen wir mit Zu-spät-Kommern um?
>
> Welche Anweisungen geben wir künftig nach draußen, wenn wir in einem Meeting sind? In welchen Ausnahmefällen (und nur in diesen) darf unsere Besprechung von außen gestört werden?
>
> Welche internen Störfaktoren wirken sich besonders negativ aus und wie können wir sie abstellen?
>
> Wie wollen wir die Meetings dokumentieren und nachbereiten, um die termingerechte Erledigung der anstehenden Aufgaben sicherzustellen?

7.4.2 Steuern Sie die Redebeiträge der Teammitglieder

In jedem Team gibt es Mitglieder, die ihre Meinung laut und vernehmlich vortragen und sich dabei kaum stoppen lassen, und andere, die eher still sind und ihre Ideen, Beiträge und Kritikpunkte lieber für sich behalten.

Aktivieren Sie zurückhaltende Teilnehmer

Der Moderator eines Meetings sollte darauf achten, dass sich tatsächlich alle Anwesenden einbringen. Dazu kann er sie zunächst nonverbal, später aber auch direkt ansprechen und um ihre Meinung bitten. Wichtige Hinweise erhält er durch die Körpersprache dieser stillen Kollegen. Oft schütteln sie den Kopf, kräuseln die Stirn oder schauen interessiert. Ihr Schweigen ist häufig kein Zeichen von Desinteresse, sondern von Konzentration. Es kann auch sein, dass diese Menschen glauben, ihre Ideen seien nicht gut genug, um ausgesprochen zu werden.

Der Moderator sollte ihnen auf alle Fälle Gelegenheit geben, ihre Vorschläge darzulegen. Oft sind ihre Gedanken nämlich gut, denn wer weniger redet, verbringt mehr Zeit mit der Analyse und der Integration der Informationen.

Bremsen Sie Dauerplauderer

Vielredner können auf eine Besprechung eine verheerende Wirkung haben. Nicht nur, dass ihre Beiträge viel Zeit beanspruchen, ihr Verhalten kann auch dazu führen, dass andere Teilnehmer nicht mehr zu Wort kommen und Statements nur noch abnicken, um den Redeschwall endlich zu beenden. Für den Moderator ist es daher äußerst wichtig, Vielredner höflich, aber bestimmt, zu bremsen. Er sollte darauf hinweisen, dass er auch noch gern die Meinungen der anderen Anwesenden hören möchte.

Außerdem ist der Hinweis darauf, dass einige Aspekte bereits besprochen wurden, hilfreich. Oft ist es auch sinnvoll, sich von den anderen Anwesenden bestätigen zu lassen, dass bestimmte Themen im Moment einfach nicht zur Debatte stehen.

7.4.3 Halten Sie Ergebnisse fest

Zeit ist Geld — das gilt besonders in Meetings, denn hier stellen gleich mehrere Personen ihre kostbare Arbeitszeit zur Verfügung. Deshalb sollte der Moderator vermeiden, Themen doppelt zu besprechen oder bereits gefundene Lösungsansätze oder Ergebnisse durch den Fortgang der Diskussion wieder zu verlieren.

Dokumentieren Sie den Diskussionsverlauf

Projektoren, Flipcharts, Tafeln und Pinwände eignen sich gut, um Inhalte zu visualisieren. Zum einen werden Informationen auf diese Weise besser behalten und zum anderen vermeidet der Moderator langatmige Wiederholungen nach dem Motto: „Was hatten wir jetzt schon alles?"

> **!** **Expertentipp: Schaffen Sie Erinnerungsplakate**
>
> Spontane Beiträge lassen sich besonders gut auf Flipcharts erfassen. Die Ergebnisse können Sie so als Plakate erhalten und an zentraler Stelle als farbige „Erinnerung" aufhängen.

Legen Sie ein Protokoll an

Ein Kurzprotokoll ist gut geeignet, die Ergebnisse am Ende eines Meetings festzuhalten. Der Moderator legt dann einen Termin fest, bis zu dem diese Aufzeichnung verteilt wird. Auch ist es oft sinnvoll, Aufgabenlisten zu erstellen und zu verteilen. Das schafft bei den Meetingteilnehmern Verbindlichkeit und ruft die Inhalte der Besprechung noch einmal ins Gedächtnis.

Anhand des Protokolls können dann auch der Teamleiter und der Moderator die Meetingleitung noch einmal überprüfen und selbst bewerten.

Wie ein Protokoll aussehen sollte

Ein Protokoll anzufertigen, ist keine sehr beliebte Aufgabe. Aber die Zusammenfassung kann ein sehr nützliches Instrument zur Verbreitung der Inhalte und Ergebnisse des Meetings sein. Es erinnert alle Teilnehmer wenige Tage nach der Zusammenkunft noch einmal an die Vereinbarungen.

Protokolle sind keine detaillierten Mitschriften des genauen Wortlauts. Formulierungen wie „Als nächstes hat C. gesagt, dass ..." gehören nicht hierher. Stattdessen sollte der Protokollant kurze Sätzen verwenden und eine deutlich sichtbare Gliederung erstellen. Es genügt vollkommen, wenn ein Ergebnisprotokoll Grundsätzliches enthält. Eine entsprechende Vorlage finden Sie im Anhang.

Bereich	Inhalt
Formale Angaben	- Team und Abteilung - Teilnehmer - Ort, Zeit und Dauer - Verteiler
Text	- Behandelte Themen - Verlauf - Maßnahmenplanung (die Erledigung der Aufgaben und Einhaltung der Termine überprüfen die Teilnehmer im nächsten Meeting gemeinsam)
Ergänzende Angaben	- Anlagen und Daten zur Verteilung - Offengebliebene Punkte (werden im nächsten Meeting auf der Tagesordnung stehen) - Nächste Zusammenkunft - Unterschriften von Protokollant und Meetingleitung

8 So geben Sie Feedback an Ihre Mitarbeiter

Eine positive Entwicklung der Teamarbeit und der gelebten Teamkultur ist ohne eine offene und konstruktive Feedbackarbeit kaum denkbar. In diesem Kapitel erfahren Sie,
- welche Punkte wichtig sind, um eine gesunde Feedbackkultur zu entwickeln,
- wie ein gutes Feedback aufgebaut ist,
- welchen Regeln die Rückmeldung gehorchen sollte
- und wie das 360°-Feedback wirkt.

8.1 Wie Sie wirksames Feedback sicherstellen

Feedbacks sind Rückmeldungen darüber, wie jemand bestimmte Verhaltensweisen bei einer anderen Person wahrgenommen hat. Für den Feedbacknehmer ist dies ein wichtiger Hinweis darauf, wie sein Verhalten wirkt und ob seine Verhaltensintention das gewünschte Ziel erreicht oder verfehlt.

Ein gelungenes Feedback stellt die beste Grundlage dar, um das eigene Verhalten zu kontrollieren. Wenn der Feedbacknehmer erfährt, wie er selbst und sein Auftreten auf andere Menschen wirkt, erkennt er den Unterschied zwischen dem, was er eigentlich gemeint hat, und dem, was davon „auf der anderen Seite" angekommen ist. Mit diesem Wissen ausgestattet, kann er sein eigenes zukünftiges Verhalten so verändern, dass er die ursprünglich erwünschte Wirkung auch tatsächlich erreicht.

> **Expertentipp: Der Nutzen des Feedbacks** !
>
> Verstehen Sie ein Feedback — egal, ob Sie es selbst geben oder aber von einer anderen Person erhalten — als wertvolle Information für die Verhaltenskontrolle, die gleichzeitig Ausgangspunkt für Veränderungen sein kann.

8.1.1 Die Säulen einer gesunden Feedbackkultur

Damit eine Rückmeldung diese positive Wirkung auch entfalten kann, müssen sich die Beteiligten, also der Sender und der Empfänger der Botschaft, an bestimmte Regeln halten. Die Wirksamkeit von Feedback beruht auf zwei Säulen:

1. Zunächst muss der Feedbackempfänger die Bereitschaft haben, sich überhaupt Feedback geben zu lassen, um sich entsprechend kontrollieren und entwickeln zu können.
2. Andererseits ist es die Art und Weise, wie Feedback gegeben wird, die es dem Empfänger ermöglicht, Kritik und Anregungen als konstruktiv anzuerkennen und für sich zu nutzen. Hier ist also der Feedbackgeber gefordert.

Beides ruht letztlich auf demselben Fundament: einer Kultur der offenen, konstruktiven und am Menschen orientierten Kommunikation.

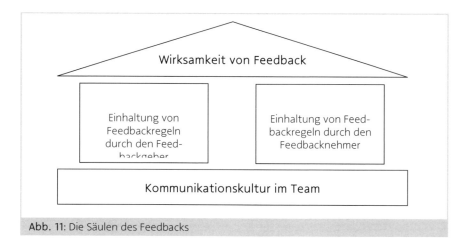

Abb. 11: Die Säulen des Feedbacks

8.1.2 Diese Aufgaben hat der Feedbackgeber

Aufgabe des Feedbackgebers ist es, seine Wahrnehmung des anderen so wiederzugeben, dass dieser erkennen kann, welche Verhaltensweisen genau welches Resultat erbracht haben.

Beim Feedback müssen also
- Offenheit,
- Konkretheit
- und Transparenz

herrschen.

Offenheit schützt vor Misstrauen

Der Feedbacknehmer muss darauf vertrauen können, dass der Feedbackgeber nicht taktiert, wenn er seine Rückmeldung formuliert. Nur eine ehrliche Rückmeldung kann der Empfänger tatsächlich gewinnbringend verwenden. Sobald er befürchtet, dass er womöglich durch das Feedback manipuliert werden soll, ist es sinnlos. Offenheit ist daher Pflicht!

Feedback beschreibt konkrete, beobachtete Dinge

Wer mit einem erhaltenen Feedback Veränderungen einleiten soll und will, muss konkret wissen, auf welche Verhaltensweise es sich bezieht. Der Feedbackgeber darf daher keine Verallgemeinerungen verwenden, sondern nur Dinge thematisieren, die tatsächlich stattgefunden haben und er genau benennen kann.

> **Beispiel: Wahrnehmung beschreiben**   !
> - unkonkretes Feedback: „Du bist immer so ..."
> - konkretes Feedback: „Ich habe gesehen, wie du gestern Mittag ..."

Nicht die Person, sondern das Verhalten nennen

Es steht niemandem zu, eine Person als solche zu beurteilen oder darüber zu „richten", wie sie oder er ein besserer Mensch sein könnte. Aufgabe des Feedbackgebers ist es daher nicht, jemanden zu verändern. Ziel kann nur sein, Verhaltensweisen zu reflektieren und gegebenenfalls zu modifizieren. Deshalb ist es wichtig, das Feedback generell auf Verhaltensweisen und nicht auf Eigenschaften der Person zu beziehen.

> **Beispiel: Auf Verhaltensweisen hinweisen**   !
> - unangemessenes Feedback: „Du bist unzuverlässig ..."
> - angemessenes Feedback: „Wenn du zu spät kommst, dann ..."

> **Expertentipp: Persönlichen Angriff vermeiden**
>
> Wenn Sie einem Ihrer Teammitglieder ein Feedback geben, achten Sie sorgfältig darauf, ihn nicht in eine Verteidigungssituation zu bringen. Wenn Sie Ihr Gegenüber persönlich angreifen oder etwas an seiner Person grundsätzlich infrage stellen, wird es anfangen, sein Verhalten zu rechtfertigen, statt es zu verändern. Bleiben Sie also immer fair.

Feedback zeigt Auswirkungen auf

Veränderungen von Verhaltensweisen lassen sich am ehesten erreichen, wenn ihre Auswirkungen beschrieben werden. So erfährt der Feedbacknehmer, was sein Verhalten bei anderen bewirkt. Daraus entsteht in der Regel der Wunsch, positiv bei den anderen aufgenommen zu werden. Das ist dann wiederum Motivation genug, das Verhalten so anzupassen, dass das eigene Bild bei anderen gewinnt.

> **Beispiel: Wirkung der Handlung beschreiben**
>
> - Formulierung von Vorwürfen: „Du bist immer so unzuverlässig. Niemand hier kann sich auf dich verlassen. Wahrscheinlich hast du Besseres zu tun!"
> - Formulierung von Auswirkungen: „Wenn du nicht zur vereinbarten Zeit ankommst, dann können wir alle nicht arbeiten — das stört uns. Wir würden uns wünschen, dass du in Zukunft pünktlich bist, damit wir unsere kostbare Zeit sinnvoll einsetzen können."

Welchen Prinzipien der Feedbackgeber folgen sollte

Das letzte Beispiel verdeutlicht, nach welchen Prinzipien Feedback funktioniert:
- Das Feedback beschreibt Verhaltensweisen statt Eigenschaften.
- Der Feedbackgeber bringt Wünsche und Informationen statt Vorwürfen vor.
- Er macht deutlich, was das Verhalten bewirkt, nicht, was vermutlich dahintersteckt.

Wenn ein Team diese Grundsätze einhält, kann sich eine Feedbackkultur entfalten, die sich an der Entwicklung des Einzelnen im Interesse des Teams orientiert. Das bringt die Gruppe auf den Weg zum Hochleistungsteam. Anderenfalls entsteht eine Kultur der gegenseitigen Vorwürfe und Rechtfertigungen, die niemandem nützt und die Arbeitsergebnisse entsprechend negativ beeinflusst.

Kompetenztest: Feedback formulieren

Bei dieser Übung ist ein wenig Fantasie gefragt. Stellen Sie sich jeweils Situationen vor, in denen Sie der betreffenden Person gern die folgenden Sätze „an den Kopf werfen" würden. Finden Sie anschließend Formulierungen, die ein gutes Feedback ergeben:

Beispiel: „Herr Klein, immer müssen Sie dazwischenquatschen. Sie sind wirklich eine Nervensäge."

Besser: „Herr Klein, mir ist aufgefallen, dass Sie mich und Frau Schöpf in dieser Besprechung mehrfach unterbrochen haben. Ich habe das als sehr störend empfunden und leider hat Frau Schöpf ihre Ausführungen, die ich sehr interessant fand, nicht beenden können. Ich wünsche mir, dass Sie in Zukunft die anderen Teilnehmer in der Runde ausreden lassen und sie nicht unterbrechen."

Übungsbeispiel 1
„Frau Link, die Powerpoint-Präsentation steckt mal wieder voller Fehler. Manchmal glaube ich, Sie machen das absichtlich, damit wir keine neuen Aufträge bekommen."

Übungsbeispiel 2
„Herr Volkert, brüllen Sie doch nicht immer so in den Telefonhörer. Sie sollten endlich mal lernen, wie man richtig telefoniert! Unsere Kunden bekommen ja Angst, wenn Sie sie immer so anschreien."

Übungsbeispiel 3
„Machst du schon wieder Pause? Erwarte bloß nicht, dass ich dauernd dein Telefon bediene, nur weil du alle fünf Minuten rausrennst."

8.1.3 Was der Feedbacknehmer berücksichtigen muss

Nicht nur der Feedbackgeber, auch der Feedbacknehmer hat im Feedbackprozess wichtige Aufgaben zu erfüllen. Nur dann kann die Rückmeldung ihre positive Wirkung zur Gänze entfalten.

Offenheit für das Feedback
Der Feedbacknehmer muss bereit sein, das Feedback aufzunehmen und für sich auszuwerten. Daher ist es wenig sinnvoll, wenn er versucht, seine Verhaltensweisen nachträglich zu erklären. Vielmehr sollte er sich bemühen, aus der Rückmeldung zu erfahren, welche Verhaltensweisen für andere nutzbringender sind.

Feedback als Hilfestellung verstehen
Im nächsten Schritt gilt es für den Feedbacknehmer, aus den erhaltenen Informationen zu lernen. Dazu gehört, dass er aufmerksam zuhört und die Aussagen nicht als Angriff auf seine Person versteht, sondern als eine Hilfestellung auf dem Weg, sich zu verbessern. Die Entscheidung darüber, ob er sein Verhalten ändert, liegt letztlich ohnehin stets beim Feedbacknehmer selbst.

8.1.4 Teamleiter muss Feedbackregeln festlegen

Die Aufgabe des Teamleiters ist es, für ein konstruktives Feedback im Team das Regelwerk zu installieren und vorzuleben. Diese Regeln kann er gesondert für das institutionelle Feedback einführen. Am besten ist es jedoch, sie auch im Alltag zu praktizieren — denn sie gelten generell für alle Situationen, in denen sich die Teammitglieder Rückmeldung geben, auch für die Momente „zwischen Tür und Angel".

> **!** **Beispiel: Feedbackregeln**
>
> **Regeln für den Feedbackgeber:**
> - Beschreiben Sie Ihre Wahrnehmung.
> - Bewerten Sie Verhalten nicht.
> - Werten Sie nicht die Person als Ganzes.
> - Beziehen Sie sich auf konkrete Situationen.
> - Sprechen Sie in einem partnerschaftlichen Ton.
> - Vermeiden Sie Allgemeinplätze.

- Sprechen Sie in Wünschen und Informationen.
- Formulieren Sie aus der Ich-Perspektive heraus.
- Versuchen Sie nicht, die Probleme anderer zu lösen, sondern ermutigen Sie zur eigenständigen Lösungssuche.
- Beobachten Sie sich selbst: Würden Ihnen das, was Sie dem Feedbacknehmer raten, in derselben Art und Weise selbst helfen?
- Bedanken Sie sich für die Aufmerksamkeit und beenden Sie das Gespräch stets ermunternd.

Regeln für den Feedbacknehmer:
- Verstehen Sie das Feedback als Hilfestellung.
- Hören Sie aufmerksam zu.
- Wenn Sie etwas nicht verstehen, fragen Sie nach.
- Versuchen Sie, sich an die beschriebenen Situationen zu erinnern.
- Versetzen Sie sich in die Lage anderer Personen.
- Versuchen Sie sich nicht zu rechtfertigen — was geschehen ist, ist geschehen und vorbei.
- Überlegen Sie Handlungsalternativen und sprechen Sie darüber.
- Bedanken Sie sich für die offene Darstellung und nutzen Sie die Chance zum Lernen.

8.2 Das 360°-Feedback für Teamleiter

Für Teamleiter ist eine Reflexion über sein Führungsverhalten und seine Wirkung äußerst wichtig. Denn beides hat erheblichen Einfluss auf das Gesamtteam. Das 360°-Feedback gewährleistet, dass das Führungsverhalten der Führungskraft umfassend und vor allem systematisch beurteilt wird.

8.2.1 Wie ist das 360°-Feedback aufgebaut?

Die Einschätzung des Teamleiters erfolgt aus der Arbeitssituation heraus — so kommen praxisrelevante und weitgehend objektive Ergebnisse zustande. Durch die verschiedenen Feedbackgeber, die hier um eine Rückmeldung gebeten werden, kann die gesamte Arbeitsumgebung um den Teamleiter herum erfasst werden — dadurch ergibt sich auch die Namensgebung „360°-Feedback". So entstehen detaillierte, situationsbezogene Hinweise und Informationen.

Wann sollten Sie ein 360°-Feedback einfordern?

Sinnvoll ist ein 360°-Feedback besonders dann, wenn
- wichtige Potenzialeinschätzungen anstehen,
- eine regelmäßige Leistungsbeurteilung damit verknüpft ist
- oder Sie als Feedbacknehmer eine detaillierte Rückmeldung als Hilfestellung zur persönlichen Weiterentwicklung erhalten wollen oder sollen.

Wer tritt als Feedbackgeber auf?

Im Einzelnen gehören in ein solches Bild von der Tätigkeit des Teamleiters die Eindrücke
- des direkten Vorgesetzten,
- der Mitarbeiter,
- der Kollegen,
- der internen Kunden
- und der externen Kunden.

Hinzu kommt eine Selbsteinschätzung des Teamleiters, um einen Abgleich zwischen Selbst- und Fremdbild zu ermöglichen.

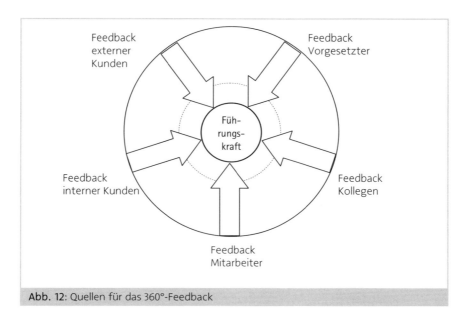

Abb. 12: Quellen für das 360°-Feedback

> **Expertentipp: Meinung des Coachs heranziehen** !
>
> Womöglich liegen auch Verhaltensbeobachtungen, die ein Coach oder ein Trainer in Seminarsituationen gemacht hat, vor. Dann sollten Sie überlegen, ob Sie diese als zusätzliche Quelle hinzuziehen wollen.

8.2.2 Wie das 360°-Feedback zur persönlichen Entwicklung beitragen kann

Mithilfe des Feedbacks kann der gegenwärtige Stand des Teamleiters mit dem vorher definierten Soll-Profil verglichen werden. Es lassen sich Entwicklungsmaßnahmen ableiten und direkte Hinweise zur täglichen Arbeit erkennen.

Welche Instrumente kommen bei einem 360°-Feedback zum Einsatz?

Welche Form der Datenerhebung ein Unternehmen bei einem 360°-Feedback wählt, ist nicht festgelegt.

Üblicherweise kommen die folgenden Instrumente zum Einsatz:
- Fragebögen,
- Interviews
- und Selbsteinschätzung.

Die Rückmeldung erfolgt in der Regel durch interne oder externe Personalentwicklungsexperten, da diese Daten dazu dienen, den Qualifikationsbedarf des Teamleiters zu erheben.

Welche Informationen liefert das Feedback?

Durch den Beitrag so vieler verschiedener Feedbackgeber zum 360°-Feedback ergibt sich für den Beurteilten, aber auch für übergeordnete Stellen wie etwa die Personalabteilung ein großer Vorteil: Durch ihre Rückmeldungen werden die unterschiedlichen Aspekte der Teamleitertätigkeit abgedeckt.

Die Feedbackgeber im 360°-Feedback	
Feedbackgeber	**Fokus des Feedbacks**
Selbsteinschätzung	Aktive Auseinandersetzung mit dem eigenen Verhalten
Beurteilung durch Vorgesetzte	Primär auf unternehmensbezogene Aspekte ausgerichtet
Beurteilung durch Kollegen	Bereichsübergreifende Aspekte
Beurteilung durch Mitarbeiter	Aspekte der Arbeitsbeziehungen und des erlebten Führungsstils
Beurteilung durch interne/ externe Kunden	Marktbezogene Aspekte

Für die Feedbackkultur dieses Instruments gelten dieselben Regeln wie für das Mitarbeiterfeedback — es ist entwicklungsbezogen, partnerschaftlich und offen zu arbeiten.

9 So machen Sie aus Ihrer Mannschaft ein Hochleistungsteam

Zu den zentralen Aufgaben eines Teamleiters gehört es, sowohl das Team als Ganzes als auch das einzelne Teammitglied zu fördern. Nur so ist sichergestellt, dass alle für die anstehenden und auch zukünftigen Aufgaben gewappnet sind. Außerdem bildet die Weiterentwicklung einen wichtigen Motivator im Arbeitsleben, denn die Erweiterung seiner Fähigkeiten ermöglicht es dem Mitarbeiter, sich im Berufsleben voll zu entfalten. Auf den folgenden Seiten erfahren Sie,

- welche Faktoren die Zusammenarbeit im Team bestimmen,
- wie Sie den Entwicklungsstand Ihres Teams feststellen können,
- mit welchen Maßnahmen Sie Ihr Team als Ganzes und den Mitarbeiter im Einzelnen fördern können,
- welche Wirkung ein Teamcoaching hat,
- wie ein Einzelcoaching für ein Teammitglied (oder auch für Sie als Teamleiter) gestaltet ist
- und warum Sie als Teamleiter auch als Coach für Ihre Mitarbeiter auftreten sollten und wie Sie dabei am besten vorgehen.

9.1 Wo steht Ihr Team?

Nur was gemessen wird, kann auch objektiv beurteilt werden! Um Anhaltspunkte dafür zu erhalten, wie die Arbeit im Team verbessert werden kann, muss der Teamleiter zunächst überprüfen, auf welchem Stand sich seine Mannschaft befindet. Er muss versuchen, die Situation im Team so genau wie möglich zu analysieren, um zu erkennen, an welchen Stellen Veränderungen angebracht sind und welche Voraussetzungen für die erfolgreiche Arbeit im Team noch nicht hinreichend erfüllt sind.

> **Expertentipp: Schwachstellen finden** !
>
> Gehen Sie bei der Analyse genau und gründlich vor. Denn wenn sie mangelhaft ist — oder womöglich ganz fehlt — werden oft Aktionen nach dem Gießkannenprinzip gestartet. Statt Maßnahmen, die individuell notwendig und sinnvoll sind, kommen dann Seminare und Weiterbildungen zum Einsatz, die nur zufällig den Bedarf treffen. Die Erfolgsquoten sind entsprechend gering.

Die Analyse des Teams findet auf drei möglichen Ebenen statt: auf der gesamten Teamebene, auf der Ebene des Teamleiters sowie auf derjenigen der einzelnen Mitglieder.

Ebene	Analyse
Das gesamte Team	Beurteilt die Funktionalität des gesamten Teams; deckt Reibungsverluste und Mangel in Arbeitskultur, Kompetenzen und Engagement auf; berücksichtigt Rahmenbedingungen der Teamarbeit.
Der Teamleiter	Beurteilt die Führungskompetenzen des Teamleiters; deckt Entwicklungsbedarf der führenden Person auf, ohne auf die übrigen Teammitglieder und Rahmenbedingungen zu fokussieren.
Einzelne Teammitglieder	Beurteilt die Zielerreichung einzelner Mitarbeiter (z. B. anhand der Zielvereinbarungen, s. Kapitel 3.3); beurteilt die Integration in das Team; deckt individuellen Entwicklungsbedarf auf.

9.1.1 Wie lässt sich die Zusammenarbeit verbessern?

Der umfassendste Teil der Analyse findet auf der Teamebene statt, wenn alle Faktoren, die die Gruppe als Ganzes betreffen sowie die Zusammenarbeit zwischen den Gruppenmitgliedern, überprüft und beurteilt werden. Das ist zwar aufwendig, aber es bringt auch die aussagekräftigsten Ergebnisse. Bei der Teamanalyse geht es darum, im Team folgende Fragen zu beantworten:

- Wo liegen unsere Stärken und Schwächen als Team?
- Welchen Entwicklungsbedarf haben wir und unser Team, um besser miteinander arbeiten zu können?
- Welche Vorstellungen über Teamarbeit existieren in unserer Gruppe?

Führen Sie eine Mitarbeiterbefragung durch
Die effizienteste Methode für die Teamanalyse ist nach wie vor die klassische schriftliche Befragung aller betreffenden Mitarbeiter. Gegebenenfalls ist es sinnvoll, dies durch einzelne Interviews mit ausgewählten Vertretern zu vertiefen. Insbesondere sollte der Teamleiter ergänzend zusätzlich befragt werden.

Die Umfrage sollte, soweit es möglich ist, anonym erfolgen, um ein objektives und ehrliches Bild von der Stimmung im Team zu erhalten. Auch ist es notwendig, alle Mitglieder zu berücksichtigen. So lässt sich vermeiden, dass bestimmte Positionen überrepräsentiert werden und so das Bild verzerren.

Die acht Teamfaktoren

Die Analyse des Teams sollte sich auf jene acht Faktoren konzentrieren, die für den Teamerfolg wichtig sind:

- **Führungsqualität**: Dieser Faktor bezieht sich auf die Fähigkeiten des Teamleiters. Wie zielbezogen und sozial wirkt er auf sein Team und dessen Mitglieder ein? An dieser Stelle geht es auch darum, wie die Mitarbeiter den Teamleiter akzeptieren und wie sie die Vertretung des Teams nach außen wahrnehmen.
- **Integration in die Gesamtorganisation**: Dieser Punkt beschreibt, wie das Team in das Unternehmen eingebettet ist. Wichtig sind dabei die äußeren Einflüsse auf das Teamgeschehen, die Schnittstellenarbeit mit anderen Bereichen und Abteilungen, die zur Verfügung stehenden Ressourcen sowie die Frage, wie ausgeprägt die Autonomie des Teams innerhalb der Gesamtorganisation ist.
- **Konfliktmanagement**: Der Umgang mit Konflikten, Kritik und Fehlern ist ein wesentlicher Erfolgsfaktor für die Arbeit im Team. Voraussetzung für eine gemeinsame und an Teaminteressen orientierte Lösungssuche ist die Entwicklung einer Streitkultur, die offen, an Inhalten orientiert und personengerecht ist.
- **Qualifikationen und Kompetenzen**: Damit ein Team erfolgreich arbeiten kann, müssen die notwendigen Kompetenzen, Kenntnisse und Fähigkeiten vorhanden sein. Fehlen sie, kann dies auch durch das beste Arbeitsklima und eine hervorragende Koordination nicht kompensiert werden.
- **Organisation und Arbeitsmethoden**: Die Art und Weise, wie die Teammitglieder Entscheidungen treffen und Meetings abhalten, wie sie mit Informationen umgehen und die allgemeine Koordinierung realisiert wird, beeinflusst das Teamergebnis deutlich. Dieser Erfolgsfaktor wirkt katalysierend auf die Kompetenzen und Qualifikationen. Ein Hochleistungsteam zeichnet sich unter anderem dadurch aus, dass sich die Kompetenzen aller Mitglieder voll ausreizen lassen und optimal miteinander koordiniert werden.
- **Kommunikation und Arbeitsklima**: Für eine erfolgreiche, sinnstiftende und befriedigende Arbeit im Team ist eine Arbeitskultur, die den Menschen achtet und seine sozialen Bedürfnisse berücksichtigt, Voraussetzung. Dieser Erfolgsfaktor umfasst die Art und Weise, wie die Teammitglieder miteinander

kommunizieren, welche Beziehungen im Team vorherrschen und welche Kultur des gegenseitigen Feedbacks gepflegt wird.
- **Zielorientierung**: Dieser Faktor beschreibt die Klarheit, mit der die Teammitglieder — jeweils einzeln und auch zusammen — in der Lage sind, Prioritäten zu setzen. Hierfür ist die klare Ableitung aus Unternehmenszielen notwendig, sodass der Teamauftrag für jeden Mitarbeiter sinnvoll erscheint. Auch die Frage, inwieweit die individuellen Ziele der Teammitglieder einen Beitrag zum Teamziel leisten können, gehört in diesen Bereich.
- **Engagement**: Fragen in diesem Bereich erfassen, inwiefern sich die einzelnen Teammitglieder mit dem Teamziel und seiner Erreichung identifizieren können und diese Identifikation in Aktionen umsetzen. Einerseits müssen die Teamziele so formuliert sein, dass sie in der Lage sind, anspornend zu wirken, andererseits ist Engagement auch eine individuelle Eigenschaft des Einzelnen.

Wie ein Fragebogen gestaltet sein kann

Der Teamfragebogen soll Teams bei der eigenen Analyse unterstützen. Die Teammitglieder sind aufgefordert, diese acht Faktoren für den Teamerfolg nach ihrer persönlichen Wahrnehmung zu bewerten. Den folgenden Teamfragebogen finden Sie auch als Kopiervorlage im Anhang dieses Buchs.

Teamfragebogen		Stimme nicht zu	Stimme eher nicht zu	Stimme eher zu	Stimme zu
1	Der Teamleiter ist in der Lage, auf die Fähigkeiten und das Engagement der einzelnen Mitarbeiter einzugehen.	☐	☐	☐	☐
2	Dem Team stehen ausreichend Mittel und Ressourcen zur Verfügung.	☐	☐	☐	☐
3	Wurde ein Konflikt gelöst, ist er auch tatsächlich vorbei.	☐	☐	☐	☐
4	Die Zusammensetzung des Teams ist der Teamaufgabe vollkommen angemessen.	☐	☐	☐	☐

Wo steht Ihr Team?

Teamfragebogen

		Stimme nicht zu	Stimme eher nicht zu	Stimme eher zu	Stimme zu
5	Unsere Teambesprechungen sind in Ablauf, Inhalt und Zielen sorgfältig vorbereitet.	☐	☐	☐	☐
6	Bei uns ist es jederzeit möglich, abweichende Meinungen und Gedanken zu äußern, ohne dass dies zum Nachteil wird.	☐	☐	☐	☐
7	Die gemeinsamen Ziele werden von jedem einzelnen Teammitglied getragen.	☐	☐	☐	☐
8	Jeder im Team ist ernsthaft am Erfolg interessiert und setzt sich mit vollem Engagement dafür ein.	☐	☐	☐	☐
9	Wichtige Entscheidungen werden nicht im Alleingang getroffen.	☐	☐	☐	☐
10	Es herrscht Klarheit über die Aufgaben des Teams in der Gesamtorganisation; es gibt eine klare Abgrenzung zu anderen Bereichen.	☐	☐	☐	☐
11	Konflikte werden in kurzer Zeit und konstruktiv gelöst.	☐	☐	☐	☐
12	Die Fähigkeiten der meisten Mitarbeiter sind nicht unterdurchschnittlich.	☐	☐	☐	☐
13	Wir haben genügend Zeit, um gemeinsam an neuen Lösungen und Ideen zu arbeiten.	☐	☐	☐	☐
14	Es gibt keine Cliquen und Subgruppen, die miteinander konkurrieren.	☐	☐	☐	☐
15	Eine gemeinsame Zielvorstellung bzw. Vision hilft uns, auch schwierige Zeiten zu meistern.	☐	☐	☐	☐
16	Die Auflösung des Teams wäre ein echter Verlust für uns alle.	☐	☐	☐	☐

Teamfragebogen

		Stimme nicht zu	Stimme eher nicht zu	Stimme eher zu	Stimme zu
17	Anerkennung und Kritik durch den Teamleiter stehen in einem angemessenen Verhältnis.	☐	☐	☐	☐
18	Das Team hat genügend Autonomie — es wird wenig von außen in die Arbeit eingegriffen.	☐	☐	☐	☐
19	Der Teamleiter spricht Konflikte an, ohne sie sich selbst zu überlassen.	☐	☐	☐	☐
20	Die meisten Mitarbeiter haben kaum Nachholbedarf in puncto Weiterbildung.	☐	☐	☐	☐
21	Es wird genau das richtige Maß an Abstimmungs- und Besprechungsaufwand angewandt.	☐	☐	☐	☐
22	Wir pflegen unser Team.	☐	☐	☐	☐
23	Die Ziele unserer Arbeit motivieren zu hohen Leistungen.	☐	☐	☐	☐
24	Die Arbeit im Team hat auch für uns persönlich einen hohen Wert.	☐	☐	☐	☐
25	Der Zusammenhalt im Team wird durch den Teamleiter gefördert.	☐	☐	☐	☐
26	Andere Abteilungen unterstützen die Arbeit des Teams ausreichend.	☐	☐	☐	☐
27	Bei uns kann man Fehler eingestehen — dies gilt als positive Eigenschaft und nicht als Schwäche.	☐	☐	☐	☐
28	Die Teammitglieder bilden mit ihren Persönlichkeiten und Qualifikationen ein interessantes Profil.	☐	☐	☐	☐
29	Vor einer Entscheidung werden mehrere Alternativen gemeinsam abgewogen.	☐	☐	☐	☐
30	Wir führen offene und ehrliche Gespräche.	☐	☐	☐	☐

Wo steht Ihr Team? 9

Teamfragebogen

		Stimme nicht zu	Stimme eher nicht zu	Stimme eher zu	Stimme zu
31	Die Verteilung der Aufgaben ist transparent — ich weiß, welchen Beitrag ich zum Teamziel leiste.	☐	☐	☐	☐
32	Die Ziele erfordern von allen Teammitgliedern ständig ein Höchstmaß an Einsatz.	☐	☐	☐	☐
33	Der Teamleiter fordert und fördert persönliche Entwicklung.	☐	☐	☐	☐
34	Übergeordnete Hierarchieebenen geben dem Team ausreichend Rückendeckung und Anerkennung.	☐	☐	☐	☐
35	Es herrscht eine offene Streitkultur. Niemand spricht hinter dem Rücken über andere.	☐	☐	☐	☐
36	Unser Team hat genau die richtige Größe.	☐	☐	☐	☐
37	Wir wissen, wie wir unsere Kreativität nutzen können.	☐	☐	☐	☐
38	Es gibt private Kontakte zwischen den Teammitgliedern.	☐	☐	☐	☐
39	In der Regel weiß ich, was ich als Nächstes tue.	☐	☐	☐	☐
40	Ich habe das Gefühl, dass sich alle stark engagieren.	☐	☐	☐	☐
41	Das Team wird nach außen gut vertreten.	☐	☐	☐	☐
42	Das Team oder der Teamleiter können Entscheidungen auf höheren Ebenen beeinflussen.	☐	☐	☐	☐
43	Unangenehme Themen werden nicht vermieden.	☐	☐	☐	☐
44	Die Teamarbeit kann durch weitere fachliche Qualifikation kaum noch verbessert werden.	☐	☐	☐	☐

So machen Sie aus Ihrer Mannschaft ein Hochleistungsteam

Teamfragebogen		Stimme nicht zu	Stimme eher nicht zu	Stimme eher zu	Stimme zu
45	Wenn wir uns beraten, werden wir nicht gestört.	☐	☐	☐	☐
46	Unterschiedliche Weltbilder können bei uns nebeneinander existieren.	☐	☐	☐	☐
47	Es gibt einen Plan, den ich persönlich verfolgen kann.	☐	☐	☐	☐
48	Die Voraussetzungen motivieren mich — es lohnt sich, sich einzusetzen.	☐	☐	☐	☐
49	Ein Hauptanliegen des Teamleiters sind die Interessen und Ziele des Teams.	☐	☐	☐	☐
50	Es existiert genügend Handlungsspielraum und Entscheidungsfreiheit.	☐	☐	☐	☐
51	Die inhaltliche Auseinandersetzung steht im Vordergrund und nicht die Macht oder das „Rechtbehalten-wollen".	☐	☐	☐	☐
52	Es gibt genügend Menschen bei uns im Team, die wissen, wie man bestimmte Probleme anpackt.	☐	☐	☐	☐
53	Die Aufgaben der Teammitglieder sind eindeutig geklärt. Jeder weiß genau, was er zu tun hat.	☐	☐	☐	☐
54	Wir haben ein starkes Wir-Gefühl.	☐	☐	☐	☐
55	Prioritäten sind bei uns klar zu setzen.	☐	☐	☐	☐
56	Meine Arbeit ist mir persönlich sehr wichtig.	☐	☐	☐	☐
57	Es werden regelmäßig Gespräche über individuelle Ziele und Prioritäten der Mitarbeiter geführt.	☐	☐	☐	☐
58	Unsere internen Kunden wissen genau, was wir für sie tun und tun können.	☐	☐	☐	☐

Teamfragebogen

		Stimme nicht zu	Stimme eher nicht zu	Stimme eher zu	Stimme zu
59	Wir wissen, wie wir Konflikte lösen können.	☐	☐	☐	☐
60	Wir finden sachlich sehr gute Lösungen, mit denen wir und unsere Kunden zufrieden sind.	☐	☐	☐	☐
61	Wir achten darauf, wie wir unsere Zeit und unsere Kräfte einsetzen.	☐	☐	☐	☐
62	Ich arbeite sehr gern in diesem Team, denn die Arbeit macht Spaß und motiviert mich.	☐	☐	☐	☐
63	Es fällt immer leicht, Wesentliches von weniger Wichtigem zu unterscheiden.	☐	☐	☐	☐
64	Bei uns macht es Spaß, uns Herausforderungen zu stellen.	☐	☐	☐	☐

9.1.2 Welche Stärken und Schwächen zeichnen das Team aus?

Das Ergebnis einer solchen Befragung ist ein Teamprofil, in dem sich die Stärken und Schwächen des Teams wiederfinden. Im Fragebogen wiederholen sich die acht Teamfaktoren (also Führungsqualität, Integration in die Gesamtorganisation, Konfliktmanagement, Qualifikation und Kompetenzen, Organisation und Arbeitsmethoden, Kommunikation und Arbeitsklima sowie Zielorientierung) in genau dieser Reihenfolge kontinuierlich. Für jede Kategorie wird aus allen zugeordneten Antworten ein Mittelwert gebildet. Dabei gilt folgende Bewertung:

- Stimme nicht zu: 1 Punkt
- Stimme eher nicht zu: 2 Punkte
- Stimme eher zu: 3 Punkte
- Stimme zu: 4 Punkte

Die Ergebnisse werden in ein Teamprofil eingetragen, auf dessen Basis es möglich ist, Veränderungen lösungsorientiert zu planen. Die Befragung macht auch einen eventuellen Qualifikations- und Teamentwicklungsbedarf sichtbar und liefert die notwendigen Informationen, um diese Bereiche so voranzutreiben, dass sie den Erfordernissen des Teams tatsächlich entsprechen.

An dieser Stelle macht es sich bezahlt, wenn alle Teammitglieder an der Befragung teilnehmen durften. Denn so findet sich jeder Mitarbeiter mit seiner spezifischen Sichtweise berücksichtigt. Das steigert sein Commitment für die Erreichung der gemeinsamen Ziele.

Für die Ausprägungen im fertigen Teamprofil gilt folgendes:
- 1: Sehr schwache Ausprägung — Krisenintervention
- 2: Schwache Ausprägung — hoher Handlungsbedarf
- 3: Gute Ausprägung — auf dem richtigen Weg
- 4: Sehr gute Ausprägung — diesen Zustand stabilisieren

! Beispiel: Teamprofil

Die Befragung innerhalb eines Teams hat folgendes Profil ergeben:

Teamprofil	1	1,5	2	2,5	3	3,5	4
Führungsqualität	O	O	O	●	O	O	O
Integration in die Gesamtorganisation	O	O	●	O	O	O	O
Konfliktmanagement	O	O	O	O	O	●	O
Qualifikation & Kompetenzen	O	●	O	O	O	O	O
Organisation & Arbeitsmethoden	O	O	O	O	O	O	●
Kommunikation & Arbeitsklima	O	O	O	O	●	O	O
Zielorientierung	O	O	O	O	O	●	O
Engagement	O	O	O	O	●	O	O

Es ist erkennbar, dass im Team gute Qualifikationen zur Zielerreichung gegeben sind. Allerdings ist die Organisation und der Einsatz zielgerichteter Arbeitsmethoden stark verbesserungsbedürftig — darin ist vielleicht auch ein Grund für das geringe Engagement zu sehen. Auch das Konfliktmanagement sollte optimiert werden.

Die Interpretation solcher Profile sollte zunächst Dimension für Dimension erfolgen, bevor die einzelnen Skalen zueinander in Bezug gesetzt werden.

9.1.3 Planen Sie die Entwicklungsmaßnahmen

Als nächstes gilt es, auf der Grundlage der Mitarbeiterbefragung die Zusammenarbeit des Teams als Ganzes zu optimieren, aber auch die Fähigkeiten des Teamleiters oder auch jedes einzelnen Mitarbeiters zu entwickeln. Ein bewährtes Instrument zu diesen Zwecken ist das Coaching. Es beschränkt sich nicht nur auf die Entwicklung von fachlichen und methodischen Kompetenzen. Ebenso sind Aspekte wie Motivation oder individuelle Entwicklungsziele Gegenstand dieser Maßnahmen. Den Coachingprozess gestalten der Berater, der sogenannte Coach, und die zu coachenden Personen, die sogenannten Coachees, gemeinsam. Das Coaching ist eine Beratung, die hochindividualisiert auf den Coachee oder die Coachees ausgerichtet ist. Es geht darum, das Gesamtteam oder einen Einzelnen nachhaltig dabei zu unterstützen, seine Ziele zu erreichen. Je nachdem, wer als Coach und Coachee auftritt, lassen sich drei Varianten unterscheiden:

- **Teamcoaching**: Das gesamte Team wird in den Coachingprozess einbezogen. Ein externer Coach arbeitet mit allen Teammitgliedern.
- **Einzelcoaching**: Bei dieser Variante arbeitet ein externer Coach mit dem Teamleiter oder mit einzelnen Mitarbeitern.
- **Die Führungskraft als Coach**: Hier tritt der Teamleiter als Coach für seine Mitarbeiter auf, Coaching wird so zur Führungsaufgabe.

9.2 Wie Sie Ihr Team entwickeln

Im Arbeitsalltag von Teams hapert es oft an Kleinigkeiten. Konkrete Probleme und Konflikte müssen gemeinsam bewältigt werden. Die Aufgabe von Teamcoaches ist es, einem Team bei der Zielerreichung und der Entwicklung beratend zur Seite zu stehen.

9.2.1 Wann ist ein Teamcoaching sinnvoll?

Ziele des Teamcoachings sind:
- Unterstützung des Teams bei der Zielerreichung
- Entwicklung des Teamklimas
- Entwicklung und Anerkennung der Teamrollen
- Konfliktmediation als Musterlösung für den Umgang mit Konflikten
- Arrangieren von Trainings zur Teamentwicklung
- Hilfestellung bei der Entwicklung von Fähigkeiten der Teammitglieder
- Begleitung beim Aufstellen der Teamspielregeln

> **Expertentipp: Verbesserung der Zusammenarbeit**
>
> Setzen Sie Teamcoachings immer dann ein, wenn die Entwicklung Ihres Teams stagniert — vor allem, wenn dies in kritischen Phasen geschieht. Aber auch dann, wenn Teammitglieder das Bedürfnis haben, die Zusammenarbeit und die Kommunikation untereinander zu verbessern, ist ein Teamcoaching angebracht.

Bei welchen Problemen kommen Teamcoachings typischerweise zum Einsatz?

Ein Teamcoach wird meist dann zurate gezogen, wenn sich in Teams die folgenden Symptome einer mangelnden Teamkultur zeigen:
- Stress und Konkurrenzdruck
- Mangelhafte Kommunikation und Kooperation
- Fehlende Konfliktbereitschaft
- Mangelnde Entscheidungsfähigkeit
- Fehlendes Wir-Gefühl
- Unzureichendes Methodenwissen
- Unklare Rollendefinitionen
- Fehlende Zielorientierung
- Sonstige zwischenmenschliche Konfliktfelder

Welche Schwerpunkte bringen die einzelnen Teamentwicklungsphasen?

Jede der vier Teamentwicklungsphasen (s. Kapitel 6) stellt das Team vor neue Herausforderungen. Daraus folgt, dass sehr unterschiedliche Situationen ein Teamtraining notwendig erscheinen lassen.

Teamentwicklungsphase	Situation
Forming	- Neubildung eines Teams - Veränderungen in der Teamzusammensetzung - Neueinführung in die Teamleiterposition
Storming	- Ineffektive Teamarbeit - Schlechtes Arbeitsklima - Konflikthäufung - Cliquenbildung
Norming	- Schwierigkeiten bei der Definition von Spielregeln - Unterstützung zum Kennenlernen - Wunsch nach effektiveren Arbeitsmethoden
Performing	- Sicherung des Erfolgs durch Standortbestimmung - Hinterfragen bestehender Rollen und Verhaltensmuster - Übernahme neuer, höherwertiger Aufgaben

Teamcoachings werden von voraussehenden Teamleitern immer häufiger noch vor der Formingphase als Kick-off-Veranstaltung initiiert. Hier können sich die Teammitglieder besser kennenlernen, Leitgedanken der Zusammenarbeit definieren und sich für die Routinearbeit motivieren.

9.2.2 Was erreichen Sie mit einem Teamcoaching?

Teamcoachings dienen der Verbesserung der Zusammenarbeit des Teams. Im Vordergrund steht dabei nicht die Lösung des Teamauftrags, sondern die Schaffung von Bedingungen, unter denen das Team am besten arbeiten kann.

Bei Teamcoachings kommen externe Berater und Trainer zum Einsatz. Das hat den Vorteil, dass weder politische noch hierarchische Faktoren den Coachingprozess gefährden können. Zudem hat ein außenstehender Beobachter mehr Abstand zur Sache, verhält sich also neutral. Inhaltlich arbeitet ein Teamcoach mit den Coachees auf drei Ebenen:

- Reflexion des eigenen Verhaltens und des Teamgeschehens
- Gruppendynamische Prozesse
- Umgang mit Konflikten

Wie gestaltet sich das Miteinander?

Der Teamcoach fordert sowohl das Team als Ganzes als auch jeden einzelnen Mitarbeiter zur Selbstreflexion auf. Auf der individuellen Ebene sollen die Teammitglieder mit Fragen wie

- „Wie wirke ich auf andere und was löst mein Verhalten bei anderen aus?"
- „Was bedeutet mein Verhalten für das Team als Ganzes?"

offen reflektieren.

So werden Verhaltensmuster des Einzelnen im Team aufgedeckt, die für den Teamerfolg von Bedeutung sind.

Auf der Ebene des Teams thematisieren die Coachees das Miteinander in der Gruppe, die Art und Weise, wie die Mitglieder untereinander kommunizieren und zusammenarbeiten. Typische Fragen zur Selbstreflexion eines ganzen Teams sind:

- „Wie gehen wir miteinander um?"
- „Wie geben wir uns Feedback?"
- „Was macht unser Team eigentlich aus?"

Dies dient insbesondere zur Standortbestimmung. Denn es lassen sich nur dann Vereinbarungen oder Maßnahmen zur Veränderung sinnvoll treffen, wenn dies vom augenblicklichen Standpunkt des Teams aus geschieht und nicht irgendeinem Idealbild verpflichtet ist.

Welche Strukturen herrschen im Team?

Verhaltensmuster und Angewohnheiten wirken sich unmittelbar auf die Beziehungen im Team aus, werden aber auch gleichzeitig von ihnen beeinflusst. Wenn es darum geht, die gruppendynamischen Prozesse innerhalb des Teams aufzudecken und bearbeiten zu können, müssen solche Muster und Gewohnheiten bewusst gemacht werden.

Machtstrukturen, Rollenverteilungen und Cliquenbildung sind Phänomene, die in jedem Team ablaufen und auch sinnvoll sein können. Ein Teamtraining legt die vorhandenen Rollen offen und hinterfragt sie. Die Teilnehmer entwickeln Gegenvorschläge und testen sie. So haben sie die Möglichkeit, selbst zu sehen und zu entscheiden, wie viel sie von ihrer Teamrolle behalten wollen oder ob es Alternativen gibt, die attraktiv genug sind, um eine Verhaltensänderung durchzuführen.

Lernen, Konflikte auszutragen

Das Ziel von Spielregeln für den Konfliktfall ist nicht, für eine dauerhafte und unbedingte Harmonie im Team zu sorgen. Vielmehr geht es darum, eine Streitkultur zu ermöglichen, die erlaubt, aus Auseinandersetzungen zu lernen. Im Rahmen eines Teamcoachings fordert der Coach daher die Teilnehmer auf, Konflikte exemplarisch zu lösen. Anschließend werden aus dem Vorgehen beispielhafte Spielregeln abgeleitet, die für die Lösung eines jeden Streits gelten können — unabhängig davon, wie die inhaltliche Lösung dann tatsächlich aussieht.

Voraussetzung ist allerdings, dass sich im Team zunächst eine Teamkultur entwickelt, die es ermöglicht, sich Konflikten zu stellen und zu eigenen Fehlern zu stehen. Es erfordert Mut, sich mit Streitigkeiten zu konfrontieren. Diesen aufzubringen fällt dem Einzelnen leichter, wenn durch das Verhalten in der Gruppe vorgelebt wird, dass eine konstruktive Konfliktbearbeitung möglich ist und die Spielregeln eingehalten werden.

9.2.3 Die drei Säulen des Teamcoachings

Um diese Ziele zu erreichen, greift der Coach zu verschiedenen Mitteln. Methodisch stützen sich Teamcoachings auf drei Säulen:

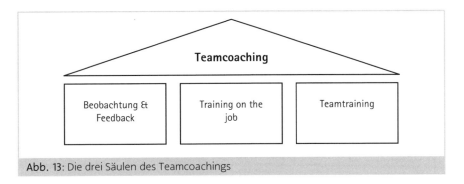

Abb. 13: Die drei Säulen des Teamcoachings

Beobachtung und Feedback

Um die Coachees zu beobachten, können sich die Teamcoachs direkt im Team aufhalten. Sie werden in dieser Zeit sehr zurückhaltend sein und ihre Eindrücke zunächst nur aufnehmen. Hierbei kommen oft standardisierte Teambeobachtungsbögen zum Einsatz. Die Rückmeldung der Beobachtungen und deren Auswertung erfolgt dann in gesonderten Workshops. Die Beobachtungen können sich auf folgende, bereits behandelte Dimensionen (s. Kapitel 9.1.1) beziehen:

- Führungsqualität
- Integration in die Gesamtorganisation
- Konfliktmanagement
- Qualifikation und Kompetenzen
- Organisation und Arbeitsmethoden
- Kommunikation und Arbeitsklima
- Zielorientierung
- Engagement

Wie sich Teams auf diesen acht Dimensionen verhalten, beeinflusst das Teamgeschehen entscheidend. Die Rückmeldung durch einen Teamcoach sensibilisiert die Mitarbeiter dafür, wie sie miteinander umgehen und arbeiten. Dieser Schritt ist wichtig, um anschließend Veränderungsmaßnahmen einzuleiten. Denn nur, wenn die Beteiligten verstehen, was passiert, wird ihnen auch bewusst, was es bewirkt. Und ausgehend von den Wirkungen lassen sich Handlungsalternativen entwerfen.

Training on the job
Im „Training on the job" begleitet der Coach die Mitarbeiter einzeln oder in Subgruppen. Diese erhalten sofort nach bestimmten Handlungssequenzen Feedback und können noch vor Ort andere Lösungsvorschläge ausarbeiten und auf ihre Wirksamkeit hin testen. Diese Methode bietet sich besonders für Mitarbeiter an, die oft internen und externen Kundenkontakt haben oder häufig untereinander Interessen und Teilziele abstimmen müssen.

Teamtraining
Teamtrainings finden bewusst nicht im Alltag des Teams statt, sondern zeitlich und örtlich vom Unternehmen abgegrenzt. Die unbekannten Rahmenbedingungen verhindern, dass sich eventuell eingeschliffene unproduktive Routinen einstellen. Die dafür verantwortlichen Auslöser sind nicht vorhanden oder werden aus einem anderen Blickwinkel heraus wahrgenommen.

Solche Teamtrainings werden von externen Beratern und Trainer durchgeführt. Sie nehmen eine neutrale „Schiedsrichterposition" ein, die neue Sichtweisen ermöglicht. Außerdem können sie aus dieser besonderen Perspektive heraus

„Stoppzeichen" setzen, um destruktive Verhaltensweisen zu unterbrechen und Alternativen dazu zu suchen.

9.2.4 So verschaffen Sie Ihrem Team Identität

Das Ziel eines Teamcoachings ist, aus allen Akteuren im Team ein handlungsorientiertes Ganzes zu machen und ein starkes Wir-Gefühl zu etablieren. Es geht darum, eine Teamidentität zu finden und zu formen.

Dieser Entwicklungsschritt gelingt leichter und schneller, wenn die Mitglieder an die Einzigartigkeit des Teams glauben und ihnen eine gemeinsame, lebendige Vision sowie ein deutliches Teamprofil bewusst sind.

Welche Faktoren beeinflussen die Teamidentität?
Die Teamidentität wird aus vier Feldern gespeist, die wechselseitig miteinander verknüpft sind:
- Werte des Teams
- Umfeld des Teams
- Können des Teams
- Verhalten innerhalb des Teams

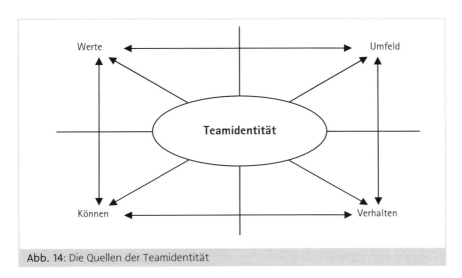

Abb. 14: Die Quellen der Teamidentität

Erfassen Sie den Ist-Zustand

Teamtrainings befassen sich damit, die aktuelle Teamidentität aufzudecken und den gewünschten Soll-Zustand zu definieren. Dieser Abgleich zwischen Soll und Ist dient dann als Ausgangspunkt für Maßnahmen, mit Hilfe derer das Team den gewünschten Soll-Zustand erreichen soll. Teamtrainings berühren zwei Ebenen: Die Ebene des gesamten Teams und die Ebene der einzelnen Mitarbeiter.

Auf welche Weise wirken Teamtrainings?

Trainiert werden auf der Teamebene:

- Bewusstheit der individuellen Stärken
- Nutzung der Komplementarität
- Klarheit über die Einmaligkeit eines jeden Einzelnen und des Teams in seiner Formation
- Kooperationswille

Worum geht es im Mitarbeitertraining?

Auf der Ebene des Mitarbeiters stehen dagegen die Teammitglieder selbst im Mittelpunkt. Jeder Einzelne ist für den Erfolg der Teamarbeit wichtig. Die realitätsgerechte Standortbestimmung seiner Stärken und Entwicklungsmöglichkeiten sowie die Reflexion des eigenen Verhaltens bilden die Grundlage für die Trainingsziele auf dieser Ebene. Trainingsziele auf der Mitarbeiterebene sind:

- Individuelle Selbstverantwortung stärken
- Commitment klären und stärken
- Kreativität fördern
- Persönliche Wirkungsweisen hinterfragen
- Techniken zur Stressbewältigung verbessern

9.2.5 Effekte des Teamtrainings

Das Outdoortraining ist eine weitverbreitete Form des Teamtrainings und soll an dieser Stelle exemplarisch genannt werden. Hier lassen sich die Effekte des Trainings gut beobachten.

Diese Punkte kennzeichnen ein Outdoortraining

Ein Outdoortraining findet — wie der Name schon sagt — in einem ungewohnten Umfeld, z. B. im Wald oder im Gebirge statt. Die Umgebung spricht alle Sinnesqualitäten an, daher findet das Lernen auf einer ganzheitlichen Ebene statt. Die Erfahrungen wirken zugleich auf Körper und Geist und werden so wesentlich besser abgespeichert und erinnert als es z. B. bei einem Frontalangriff der Fall wäre. Die Teilnehmer nehmen „Aha-Erlebnisse" mit nach Hause, die die Grundlage für neuartige Erkenntnisse und nachhaltige Entwicklungen bilden.

Wie sind die Aufgaben gestaltet?

Die Outdoor-Übungen sind nicht alltagstypisch, haben aber alle eine Gemeinsamkeit: Sie sind im Team besser oder sogar nur im Team lösbar. Damit enthalten diese Übungen berufsrelevante Anforderungen. Die Teilnehmer sind angehalten, ihre scheinbar gegensätzlichen Eigenschaften miteinander zu kombinieren, um die Herausforderung zu meistern.

> **Beispiel: Outdooraufgabe**
>
> Ein Team soll gemeinsam ein Floß bauen, das alle Mitarbeiter zusammen über einen Fluss transportieren soll. Die Aufgabe steht symbolisch für den Teamauftrag. Die Teammitglieder müssen nun überlegen, wie sie die Herausforderung mit den vorhandenen Hilfsmitteln angehen. Dabei tauchen verschiedene Ideen auf, die gemeinsam besprochen werden. Dann wird eine Entscheidung gefällt und die Gruppe macht sich an die Umsetzung.

Wie die Übungen ausgewertet werden

Für den Teamcoach ist dabei nicht das Ergebnis entscheidend, sondern *wie* mit den unterschiedlichen Ideen umgegangen wird, *wer* die Diskussion *wie* führt, ob es Sprecher gibt, ob sich jemand aus der Lösungssuche zurückzieht etc. Diese individuellen Verhaltensweisen werden nach der Übung gemeinsam reflektiert und es wird nach Parallelen im Arbeitsalltag gesucht. Das jeweils Typische für das Team und für einzelne Mitarbeiter wird herausgearbeitet und es wird überdacht, inwiefern es für das Team förderlich oder hinderlich sein könnte. Gemeinsam überlegen die Teammitglieder, wie sie in ähnlichen Situationen anders verfahren können, um zu vermeiden, dass hinderliche Verhaltensweisen auftreten — oder diese wenigstens zu minimieren — und um das förderliche Verhalten weiter zu stärken.

> **Expertentipp: Umsetzung in die Praxis**
>
> Das Erlernte sollte in den nächsten Teamübungen sofort angewendet werden, um zu erfahren, welche Wirkungen andere Verhaltensweisen auf den Teamprozess und das Ergebnis haben. Daraus lassen sich letztlich Spielregeln festhalten, die das Erlernte sicher und stabil in den Arbeitsalltag transferieren.

Mehr Verständnis zwischen den Teammitgliedern

Neben den inhaltlichen Erkenntnissen ermöglicht das Beisammensein unter freiem Himmel, dass die Teammitglieder sich untereinander näher und anders als bisher kennenlernen. Die Freizeitaktivitäten, die mit dem Training verbunden sind, führen die Coachees zusammen und ermöglichen Nähe. Es entsteht eine neue Qualität des Miteinanders und ein deutlich verbessertes Teamklima.

Nachbereitung ist wesentlicher Erfolgsfaktor

Handlungspläne für die nächsten Wochen und Monate gewährleisten, dass das Gelernte auch Eingang in den Berufsalltag findet. In diesen Plänen sind Maßnahmen enthalten, die sich aus den Trainingsergebnissen ableiten lassen. In Follow-up-Veranstaltungen lässt sich dann beurteilen, inwieweit die Handlungspläne erfolgreich eingehalten und umgesetzt wurden.

> **Beispiel: Typische Ergebnisse eines Teamtrainings**
>
> Das Team hat das Outdoortraining erfolgreich hinter sich gebracht. In den folgenden Wochen sind Veränderungen in der täglichen Arbeit zu spüren. Sie zeigen sich vor allem in
> - einem verbesserten Teamklima,
> - Spielregeln für den Arbeitsalltag,
> - und in anwendbaren Konfliktlösetechniken.

9.3 Von einem Einzelcoaching profitieren

Ein Einzelcoaching findet zwischen einem externen Coach und dem Coachee — also dem Teamleiter oder auch einem einzelnen Mitarbeiter — statt. Dabei verfolgt der Coach das Ziel, seinen Coachee zur bestmöglichen Leistung zu führen, ohne selbst an deren Ausführung beteiligt zu sein. Das heißt auch, dass er nicht der „bessere Spieler" sein muss, also z. B. über mehr Fachwissen o. Ä. verfügen muss. Welcher Trainer erbringt schon im Sport eine bessere Leistung als sein Schützling? Trotzdem werden alle Spitzensportler ihrem Trainer einen hohen Anteil an ihrem Erfolg zusprechen.

> **Expertentipp: Willen zur Veränderung**
>
> Ein Coaching kann nur dann funktionieren, wenn beim Coachee die Bereitschaft zu dieser Maßnahme vorhanden ist. Nur wer sich weiterentwickeln und verändern will, kann aus der Zusammenarbeit mit einem Coach Nutzen ziehen. Dies sollten Sie bedenken, wenn Sie z. B. einem Mitarbeiter einen Coach an die Seite stellen wollen: Wenn Ihr Teammitglied mit diesem Schritt nicht einverstanden ist, ist er sinnlos.

Ein externer Coach wird immer dann notwendig, wenn die Führungskraft diese Funktion nicht selbst übernehmen kann oder will (s. Kapitel 9.4). Menschen sind in vielen Lebensbereichen bereit, andere um Tipps und Hinweise zu Verbesserungen zu bitten: „Kannst Du mal meinen Abschlag beim Golfen beobachten? Bestimmt entdeckst Du etwas, worauf ich achten muss!" Die wenigsten können sich jedoch vorstellen, mit einer ähnlichen Bitte zu ihrem Vorgesetzten zu gehen.

Hinzu kommt, dass in den Köpfen der meisten Vorgesetzten noch immer die Vorstellung herrscht, der Chef müsse der Beste in allem sein. Nur so könne er als Vorbild auftreten. Diese Haltung fördert jedoch eher Konkurrenzdenken und Rivalität statt Teamgeist und Veränderungsbereitschaft. Wenn in einem Unternehmen oder einem Team ein solches Hierarchieverständnis vorherrscht, ist ein Coaching durch einen externen Coach oder Trainer die einzig mögliche Wahl.

Wird für die Maßnahme ein externer Coach oder Trainer engagiert, läuft der Coachingprozess in fünf Stufen ab:

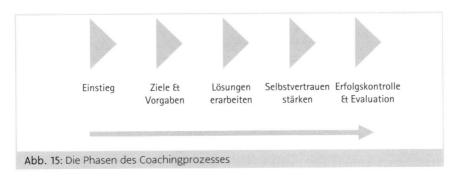

Abb. 15: Die Phasen des Coachingprozesses

9.3.1 In das Coaching einsteigen

Die Messlatte für die Coachingarbeit, die die Basis für alle folgenden Schritte bildet, ist ein detailliertes Anforderungsprofil. Hier kommen wieder die Ergebnisse aus der Phase der Teamzusammenstellung zum Tragen. Sowohl die Fachkompetenz als auch die Rolle, die jeder in das Team einbringen soll, wurden dort definiert.

Geeignete Maßnahme bei neuen Aufgaben
Nur selten äußern Mitarbeiter und Teamleiter selbst den direkten Wunsch, gecoacht zu werden. Deshalb kommt es häufig vor, dass die Übernahme neuer Funktionen und Aufgaben an ein Coaching geknüpft ist oder dass der Teamleiter seinem Mitarbeiter zu einer solchen Maßnahme rät.

Aber wie bereits erwähnt: Die Freiwilligkeit ist unabdingbar für den Erfolg der Beratung — der Vorgesetzte kann zu einer solchen Maßnahme raten, aber sie nicht befehlen.

> **Beispiel: Coaching eines angehenden Teamleiters**
>
> Daniel Funke ist bereits seit einiger Zeit als Projektmanager in einem mittelständischen Unternehmen tätig. Sein Vorgesetzter ist sehr zufrieden mit ihm und schlägt daher vor, ihm erstmals die Leitung eines kleinen Teams zu übertragen und ihn damit für weitere Aufgaben zu qualifizieren. Die Personalabteilung begrüßt den Vorschlag und nimmt Funke mit seinem Einverständnis in ein internes Entwicklungsprogramm für aussichtsreiche Nachwuchskräfte auf. Bestandteil dieses Programms ist ein Einzelcoaching durch einen externen Coach.

Stormingphase bringt oft Bedarf
Der Bedarf eines externen Coachings für den Teamleiter zeigt sich oft in der Stormingphase der Teamentwicklung, wenn die Führungskraft diese turbulente Zeit in seiner Mannschaft nicht ohne Unterstützung bewältigen kann. In diesem Fall wird sich die Coachingtätigkeit auf das Führungsverständnis und die damit verbundenen Kompetenzen des Teamleiters richten.

> **Expertentipp: Teamcoaching in Stormingphase** !
>
> Nicht nur für den Teamleiter kann in der problematischen Stormingphase ein Coaching angebracht sein. Sinnvoll ist oft zudem noch ein Teamcoaching (s. Kapitel 9.2.1).

9.3.2 Ziele und Vorgaben festlegen

Kein Coaching ohne festes Ziel! Nur wenn dieses von vornherein feststeht, kann die Maßnahme erfolgreich durchgeführt werden. Wie sollte anderenfalls gemessen werden, ob der Coachee Fortschritte erzielt hat oder das Coachingziel erreicht hat?

Analysieren Sie den Ist-Zustand

Der erste Schritt nach dem Einstieg in das Coaching besteht also darin, die Ziele festzulegen, die der Coachee durch die Maßnahme erreichen soll. Dazu werden seine Voraussetzungen hinsichtlich des Anforderungsprofils beurteilt: Inwieweit erfüllt er diese bereits? Es geht also darum, das Ist-Profil zu erarbeiten. Diese Einschätzung erfolgt z. B. durch das 360°-Feedback (s. Kapitel 8.2), durch Selbsteinschätzung oder die Verhaltensbeobachtung durch den Coach.

Aber nicht nur die beruflichen Ziele gilt es zu beachten, auch die persönlichen Wünsche sollten an dieser Stelle berücksichtigt werden. Welche Werte will der Coachee leben und umsetzen? Wie weit ist er von seinen Wunschvorstellungen entfernt?

Wie lässt sich die Diskrepanz zwischen Ist und Soll überbrücken?

Anschließend erfolgt ein Abgleich zwischen dem ermittelten Ist-Zustand und dem Anforderungsprofil für die jeweilige Stelle, also dem Soll-Zustand. So zeigt sich der individuelle Handlungsbedarf für die jeweilige Person. Die Ziele für das Coaching ergeben sich aus der wahrgenommenen Diskrepanz. Mangelt es einem Teamleiter z. B. an Durchsetzungsfähigkeit, so setzt der Coach an dieser Schwachstelle an und definiert als Ziel etwa: „Frau X vertritt in einer Debatte nachdrücklich ihre Meinung. Es gelingt ihr, die anderen Anwesenden durch verschiedene Argumente von ihrer Sichtweise zu überzeugen."

> **Beispiel: Festlegen von Zielen und Maßnahmen**
>
> Die Analyse des Ist-Zustands hat bei dem eher schüchternen und zurückhaltenden Daniel Funke einen Mangel an Konfliktbereitschaft ergeben. Der Coach, der ihm zur Seite steht, will daher vor allem an diesem Punkt mit ihm arbeiten. Als Ziel legen beide fest:
>
> „Herr Funke erkennt einen schwelenden Konflikt bereits frühzeitig und spricht ihn bei den Beteiligten aktiv an. Er scheut sich nicht, in einem Konfliktgespräch beiden Seiten die Konsequenzen ihres Handelns aufzuzeigen, sollte es nicht gelingen, den Konflikt beizulegen. Herr Funke ist in der Lage, Kompromisslösungen aufzuzeigen und ihre Einhaltung zu kontrollieren."
>
> Um dieses Ziel zu erreichen — so beschließen beide — wird der Coach seinen Coachee in entsprechenden Gesprächen begleiten und anschließend seine Beobachtungen mit ihm besprechen.

9.3.3 Gemeinsam Lösungen erarbeiten

In der dritten Phase erarbeiten Coach und Coachee gemeinsam Lösungen für die erkannten Probleme. Dabei berücksichtigen sie die individuellen Voraussetzungen, die Rahmenbedingungen sowie den persönlichen Lernstil des Coachees.

Entwicklungsplan gibt Richtung vor

Dadurch entsteht ein persönlicher Entwicklungsplan, der alle vereinbarten Aktivitäten und Termine enthält (den persönlichen Entwicklungsplan finden Sie noch einmal im Anhang als Kopiervorlage). So entwickelt der Coachee gemeinsam mit seinem Coach einen Entwurf der kommenden Aktionen, mit denen er seine — persönlichen und beruflichen Ziele — erarbeiten kann.

Erfolgsmessung anhand des Entwicklungsplans

Für den Coach stellt dieser Entwicklungsplan die Erfolgskontrolle dar, er dient dazu, die Ergebnisse im Nachhinein zu bewerten und zu kontrollieren, inwiefern die formulierten Ziele erreicht wurden.

Persönlicher Entwicklungsplan für:	
Zeitraum von	bis
Das sind die Stärken, die ich beibehalten will: 1. _____ 2. _____ 3. _____	Das sind die Schwächen, die ich abbauen will: 1. _____ 2. _____ 3. _____
Das will ich zur Erhaltung meiner Stärken tun: 1. _____ 2. _____ 3. _____	Das werde ich tun, um mit meinen Schwächen kontrolliert umzugehen: 1. _____ 2. _____ 3. _____
An diesen Problemen werde ich arbeiten: 1. _____ 2. _____ 3. _____	Im Seminar On the Job Literatur

9.3.4 Selbstvertrauen stärken

Nach der Beendigung des Coachingprozesses soll der Coachee dazu in der Lage sein, mithilfe der neu erworbenen Kompetenzen neuen Anforderungen selbstständig gerecht zu werden. Dazu ist nicht nur die Entwicklung der entsprechenden Kompetenzen, sondern auch das Vertrauen in die eigene Person notwendig. Der Coachee muss erfahren, dass seine neuen Verhaltensweisen funktionieren, seine Ziele erstrebenswert sind und dass er als Person ernst genommen und geschätzt wird.

9.3.5 Erfolgskontrolle und Evaluation

Am Ende des Coachings steht die Erfolgskontrolle. Coach und Coachee bewerten gemeinsam, in welchem Maße die Ziele erreicht und wie die vereinbarten Maßnahmen umgesetzt wurden.

Coachee verdient Anerkennung

In dieser Phase ist es wichtig, dass der Coachee abschließend die Anerkennung für das, was er geleistet hat, bekommt. Zudem gilt es, nochmals über das persönliche Wertesystem des Coachees zu reflektieren und darüber, welche Relevanz es für die angestrebten Ziele hat. Nur wenn Ziele und Wertesystem miteinander vereinbar sind, ist gewährleistet, dass sich die neuen Verhaltensweisen auch in schwierigen Situationen bewähren können.

Instrumente zur Selbstkontrolle einrichten

Um den Erfolg langfristig zu sichern, ist es sinnvoll, dem Coachee Instrumente und Rituale zur regelmäßigen Selbstkontrolle zu vermitteln. So erhält er die Möglichkeit, jederzeit Diskrepanzen zwischen Anspruch und Wirklichkeit aufzudecken und darauf zu reagieren.

Solche Instrumente können z. B. das 360°-Feedback (s. Kapitel 8.2), andere Feedbackformen und die Ergebnisse von Beurteilungssystemen und Mitarbeitergesprächen sein.

> **Expertentipp: Coachingziele vor Augen halten**
>
> Um das Erreichte langfristig in den Alltag zu integrieren, sollten Sie sich regelmäßig bewusst an die Coachingziele und die damit verbundenen Maßnahmen erinnern.

9.4 Coaching als Aufgabe des Teamleiters

Bei einer besonderen Form des Coachings tritt nicht ein externer Trainer, sondern der direkte Vorgesetzte als Coach auf. Da ein Teamleiter die Führungsaufgabe temporär wahrnimmt, kann auch er die Funktion des Coachs für seine Mitarbeiter übernehmen. Die individuelle berufliche Weiterentwicklung des Coachees wird so als ein zentraler Punkt im Führungsverständnis des Teamleiters verankert.

9.4.1 Besonderheiten eines internen Coachings

Wenn ein Vorgesetzter bzw. der Teamleiter die Mitarbeiter nicht nur führt, sondern gleichzeitig auch noch coacht, kann das zu teilweise schwierigen Konstellationen führen. Immerhin muss der Coach gleichzeitig das Wohl seines Coachees und das des gesamten Teams im Auge behalten sowie dafür sorgen, dass die vereinbarten Ziele erreicht werden. Interessenkonflikte können so schnell entstehen.

Auch für den Coachee ist der Chef als Coach in der Regel nicht unproblematisch. Für die meisten Mitarbeiter ist die Vorstellung, mit ihrem Chef über persönliche Wünsche zu sprechen, eher abwegig.

Diese Vor- und Nachteile sollten Sie kennen

Sicherlich sprechen einige Punkte auch für ein internes Coaching, z. B. die bessere Kenntnis der Gesamtsituation, über die der Vorgesetzte in der Regel verfügt. Zusammengefasst lassen sich als Vor- und Nachteile festhalten:

Internes Coaching	
Vorteile	**Nachteile**
• Gute Kenntnis der Rahmenbedingungen des Coachees • Genaue Kenntnis des Aufgabenbereichs des Coachees • Adäquates Verständnis der persönlichen Voraussetzungen des Coachees • Deutliche Sicht darauf, wie persönlicher Erfolg mit Teamerfolg verknüpfbar ist	• Durch täglichen Kontakt eventuell eingeschränkte Offenheit • Selektive Wahrnehmung durch vorgezeichnetes Bild im Kopf des Coaches • Reflexion auf private Lebensbereiche häufig nur am Rande • Coach ist in die Handlungspläne involviert — Neutralität ist schwer zu gewährleisten

Sind diese Besonderheiten bekannt, können sie bewusst zur Relativierung des Coachinganspruchs genutzt werden. Unter diesen Voraussetzungen ist es sinnvoll, die Vorteile des internen Coachings gezielt zu nutzen und die „klassische" Führungarbeit damit zu ergänzen.

9.4.2 Wo steht der Mitarbeiter?

Wenn eine Führungskraft als Coach auftritt, ähneln ihre ersten Schritte denen des externen Trainers. Zunächst muss sie herausfinden, an welchem Punkt in seiner beruflichen Entwicklung sich der Mitarbeiter befindet.

Entwicklungsstufen von Mitarbeitern

Eine grobe Klassifizierung ist möglich, indem das Engagement und die fachliche Entwicklung des Mitarbeiters bewertet werden. Aus ihrer Kombination ergeben sich vier Entwicklungsstufen.

Entwicklungsstufe	Beschreibung
Entwicklungsstufe 1	
Engagement: gering Fachliche Entwicklung: gering	Der Mitarbeiter ist in seiner fachlichen Qualifikation noch nicht genügend vorangeschritten, um die neue Aufgabe zu erfüllen. Die Motivation ist ebenfalls nicht hoch.
Entwicklungsstufe 2	
Engagement: hoch Fachliche Entwicklung: gering	Der Mitarbeiter ist motiviert und bereit, Leistung zu zeigen, allerdings fehlt ihm noch die fachliche Kompetenz, um die neue Aufgabe erfüllen zu können.
Entwicklungsstufe 3	
Engagement: gering Fachliche Entwicklung: hoch	Der Mitarbeiter hat die Kompetenzen, die Aufgabe zu erfüllen, ihm fehlt es jedoch noch am notwendigen Engagement.
Entwicklungsstufe 4	
Engagement: hoch Fachliche Entwicklung: hoch	Der Mitarbeiter verfügt über die fachliche Kompetenz sowie über ein hohes Engagement, die vorgesehene Aufgabe zu übernehmen.

Setzen Sie Checklisten ein

Um das Engagement und die fachlichen Fähigkeiten von Mitarbeitern richtig einzuschätzen, ist es sinnvoll, Checklisten einzusetzen. So wird kein Punkt übersehen und das Ergebnis ist nachvollziehbar.

Checkliste zur Einschätzung von Fähigkeiten und Engagement

Engagement	Ja	Nein
Ist der Mitarbeiter in der Lage, seine Rolle im Team bzw. als Teamleader klar zu definieren?	☐	☐
Setzt er sich gern mit neuen Aufgaben auseinander?	☐	☐
Verfügt er über eine hohe Leistungsbereitschaft?	☐	☐
Ist der Mitarbeiter belastbar?	☐	☐
Hat er noch Reserven bis zur Grenze seiner Belastbarkeit?	☐	☐
Welche Motive spornen den Mitarbeiter zur Leistung an?	☐	☐
Sucht der Mitarbeiter Verantwortung?	☐	☐
Fachliche Entwicklung	**Ja**	**Nein**
Kann der Mitarbeiter ihm aufgetragene fachliche Problemstellungen eigenständig lösen?	☐	☐
Gibt es ein Wissensdefizit, das ausgeglichen werden muss, bevor er die neue Aufgabe angehen kann?	☐	☐
Arbeitet der Mitarbeiter selbstständig?	☐	☐
Sucht der Mitarbeiter berufliche Entscheidungen?	☐	☐
Ist die Teamfähigkeit des Mitarbeiters genügend ausgeprägt?	☐	☐

Nach der Beantwortung dieser Fragen sollte die grobe Zuordnung zu einer der Entwicklungsstufen möglich sein. Wichtig ist, die Fragestellung auf zukünftige Situationen mit Entwicklungsanreiz zu richten und nicht nur auf zurückliegende.

Expertentipp: Klassifizierung nur Anhaltspunkt

Auch wenn mithilfe der Fragen eine erste Klassifizierung möglich ist, sollten Sie immer daran denken, dass die Checkliste nur einen Anhaltspunkt und ein Grobraster bietet. Ein Mensch ist wesentlich mehr als eine Entwicklungsstufe. Hinzu kommt, dass derselbe Mitarbeiter in verschiedenen Situationen oder Aufgaben sehr unterschiedlich ausgebildete Verhaltensweisen zeigen kann.

9.4.3 Von den Entwicklungsstufen zum Führungsstil

Die Entwicklungsstufe, der ein Mitarbeiter angehört, sollte bei der Wahl des Führungsstils die entscheidende Rolle spielen. Mitarbeiter sind sehr unterschiedlich, deshalb darf auch die Art der Führung nicht identisch sein. Es ist unangebracht, einem erfahrenen und engagierten Mitarbeiter eine Anweisung zu geben, wie er eine Routineaufgabe zu erledigen hat. Dagegen benötigt ein junger, unerfahrener Kollege deutlich mehr Anleitung, um eine Aufgabe gut zu erledigen — und daraus ein Erfolgserlebnis zu ziehen.

Die vier situativen Führungsstile

Im Model von Hersey und Blanchard lassen sich den vier Entwicklungsstufen der Mitarbeiter jeweils ein situativ unterschiedlicher Führungsstil zuordnen. Sie werden beschrieben als:

- Unterweisender Stil
- Anleitender Stil
- Unterstützender Stil
- Delegierender Stil

Die Verknüpfung des situativ angemessenen Führungstils mit der aktuellen Entwicklungstufe des Mitarbeiters kann über eine Vier-Felder-Tafel erfolgen.

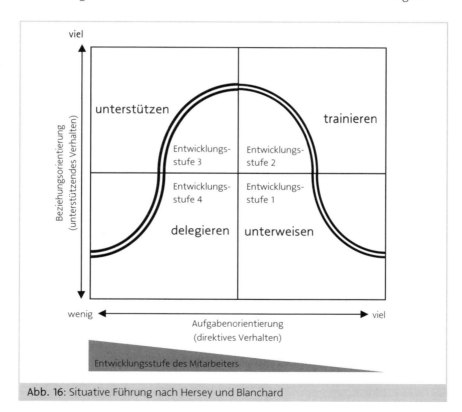

Abb. 16: Situative Führung nach Hersey und Blanchard

Coaching als Aufgabe des Teamleiters 9

Entwicklungsstufe 1: Der unterweisende Stil
Der Teamleiter orientiert seine Führung und das Coaching des Mitarbeiters sehr stark an dessen Aufgaben. Es geht ihm in seinem Führungsverhalten darum, das Teammitglied in seinen Aufgaben zu unterweisen und zu kontrollieren. Ziel der Bemühungen ist, beim Coachee im Laufe der Zeit Selbstvertrauen aufzubauen und ihn zur Entwicklungsstufe 2 zu führen.

Entwicklungsstufe 2: Der anleitende Stil
Befindet sich der Mitarbeiter auf der Entwicklungsstufe 2, leitet und überwacht der Teamleiter die Aufgabenerfüllung noch recht stark. Der Mitarbeiter engagiert sich jedoch deutlich, darum bespricht die Führungskraft Entscheidungen mit ihm und fordert ihn auf, Vorschläge zu machen. Wichtig ist in dieser Phase, Fortschritte des Mitarbeiters zu besprechen und anzuerkennen, um sein Engagement zu erhalten.

Entwicklungsstufe 3: Der unterstützende Stil
Bei Mitarbeitern mit Entwicklungsstufe 3 ist eine fachliche Anleitung nicht notwendig, allerdings ist ihr Engagement entwicklungsbedürftig. Der Teamleiter bietet daher seinem Coachee bei Entscheidungen Hilfestellungen an, die ihn ermutigen und fördern sollen. Der damit verbundene Lerneffekt soll den Mitarbeiter auf die Entwicklungsstufe 4 führen. Der unterstützende Führungsstil ist besonders dann angezeigt, wenn es Schwierigkeiten und Probleme zu bewältigen gilt.

Entwicklungsstufe 4: Der delegierende Stil
Einem Mitarbeiter, der über stark entwickelte Fähigkeiten und ein hohes Maß an Eigenengagement verfügt, also über einen ausgesprochen hohen Reifefaktor verfügt, kann der Teamleiter die Verantwortung für die anstehenden Aufgaben ebenso übertragen wie die damit verbundene Verantwortung. An dieser Stelle verschwimmen die Grenzen zwischen dem Coaching und den modernen Führungskonzepten und -instrumenten. Dies liegt insbesondere daran, dass sowohl beim Coaching als auch bei der modernen Führung der Mitarbeiter immer mehr als Partner gesehen wird und als Mensch, der sich Weiterentwicklung und Selbstverwirklichung wünscht.

9.4.4 Von der situativen Führung zum coachenden Führungsstil

Das Modell der situativen Führung ermöglicht Führungskräften, situativ zu reagieren. Es kommt dem Wunsch des Mitarbeiters nach, gerecht behandelt und dabei gleichzeitig geführt zu werden. Allerdings ist dieser Ansatz in erster Linie gegenwartsbezogen und vernachlässigt den Willen des Mitarbeiters, sich weiterzuentwickeln.

Zielvereinbarungen sind zukunftgerichtet

Über das bei der situativen Führung fehlende zukunftsgerichtete Element verfügt allerdings die Zielvereinbarung (s. Kapitel 3.3.1). Ein Teamleiter, der gleichzeitig als Coach für seine Mitarbeiter auftreten will, sollte daher beide Instrumente einsetzen und so zu einem coachenden Führungsstil finden.

Coachender Führungsstil		
Menschenbild im coachenden Führungsansatz (Auszug)	„Menschen wollen gerecht behandelt werden." ⇩	„Menschen wollen sich entwickeln." ⇩
Instrument	Situatives Führungsmodell ⇩	Zielvereinbarung ⇩
Zusammenführung	Coachender Führungsstil	

Persönliche Entwicklung inbegriffen

Im Coaching durch den Vorgesetzen bzw. den Teamleiter stehen also jene Ziele im Mittelpunkt, die zuvor im Rahmen der Zielvereinbarung gemeinsam definiert wurden. Damit sind nicht nur die Aufträge und Ergebnisse, die es zu erfüllen und zu erreichen gilt, abgedeckt. Dieses Modell berücksichtigt auch die persönliche Entwicklung des Mitarbeiters, den Ausbau seiner Kompetenzen und die Optimierung seiner Verhaltensweisen — ein Prozess, der ihn dazu befähigen soll, später noch komplexere Aufgaben zu übernehmen. So findet sich in dieser Kombination letztlich die Synthese aus individuellen Zielen und Teamzielen: Der Einsatz des coachenden Führungsstils unterstützt sowohl die Entwicklungsziele des Mitarbeiters als auch die Zielerreichung des gesamten Teams. Den einzelnen Teilzielen des Mitarbeiters können dabei unterschiedliche Coachingstile zugeordnet werden.

Coaching als Aufgabe des Teamleiters 9

Beispiel: Unterschiedliche Coachingstile

Ein Mitarbeiter vereinbart mit seinem Teamleiter, dass dieser einen unterweisenden Stil pflegt, wenn es darum geht, sich bestimmte Arbeitstechniken anzueignen. Dasselbe Teammitglied bekommt aber gleichzeitig aufgrund seiner guten kommunikativen Fähigkeiten die volle Verantwortung dafür übertragen, die Abstimmung mit einer benachbarten Abteilung zu verbessern — hier kommt also der delegierende Stil zum Einsatz.

Expertentipp: Hochleistungsteams coachen

Vor allem wenn Sie Teamleiter eines Hochleistungsteams (s. Kapitel 1.1) sind, fällt Ihnen die Aufgabe zu, Coach Ihrer Mitarbeiter zu sein. Sie müssen dann Ihre Teammitglieder in deren persönlicher Entwicklung voranbringen. Das gelingt am besten, wenn Sie mit dem Führungs- und Coachingprozess eine Synthese aus Teamzielen und individuellen Entwicklungszielen anstreben.

Coaching als fortlaufender Prozess

Die Frage, auf welchem Entwicklungsstand sich der Mitarbeiter befindet — und damit, welcher Führungsstil angemessen ist — lässt sich nicht abschließend beantworten. Vielmehr gilt es, die Einschätzung in regelmäßigen Abständen zu wiederholen und auf die neuen Ergebnisse zu reagieren. Damit entsteht ein Regelkreis der coachenden Führung:

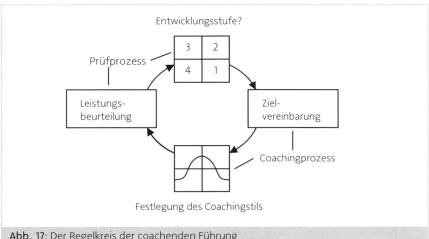

Abb. 17: Der Regelkreis der coachenden Führung

9.4.5 Zur Selbstverantwortung führen

In den heutigen Unternehmen werden auf allen Hierarchieebenen Mitarbeiter benötigt, die bereit sind, Verantwortung für die eigenen Ziele und Ergebnisse zu übernehmen. Dem steht das bisher übliche Modell der Führung entgegen, in dem eine einzige Person Verantwortung, Kontrolle und Anleitung vereint. Schwerfällig und innovationsfeindlich bremst es Mitarbeiter eher, als dass es sie fördert.

Delegieren Sie die gesamte Aufgabe

Die moderne Führungsarbeit verfolgt dagegen letztlich das Ziel, über den coachenden Führungsstil Teams und Mitarbeiter zu weitestgehender Selbstverantwortung zu führen. Ein Teamleiter muss also nicht mehr nur Aufgaben delegieren, sondern auch die damit verbundene Verantwortlichkeit und Kompetenz im Rahmen der Zielvereinbarung abgeben. Nur so ist es möglich, die Aufgaben *wirklich* zu delegieren.

> **Expertentipp: Geben Sie Verantwortung ab**
>
> Wenn die Verantwortung bei Ihnen als Teamleiter verbleibt, werden Sie immer das Gefühl haben, etwas kontrollieren zu wollen und zu müssen. Das bleibt Ihrem Mitarbeiter natürlich nicht verborgen und wenn er bemerkt, dass alles, was er tut, nochmals überprüft wird, wird er sich wie ein Kind behandelt fühlen.

Leisten Sie einen Vertrauensvorschuss

Mitarbeiter zur Selbstverantwortung führen heißt für Teamleiter, Mut zum Loslassen zu haben und Fehler auszuhalten. Nur über diesen Freiraum können sich Mitarbeiter entwickeln. Im ersten Schritt zur Selbstverantwortung muss der Teamleiter dem Teammitglied Vertrauen entgegenbringen, auf dem dann das Selbstvertrauen des Mitarbeiters aufbauen kann. Daraus wächst dessen Bereitschaft, Verantwortung zu übernehmen, um das Vertrauen auch zu rechtfertigen. So entwickelt sich ein Kreislauf aus Verantwortung und Vertrauen, der sich zunehmend auf immer komplexere Handlungsfelder des Mitarbeiters ausweiten kann.

9 Coaching als Aufgabe des Teamleiters

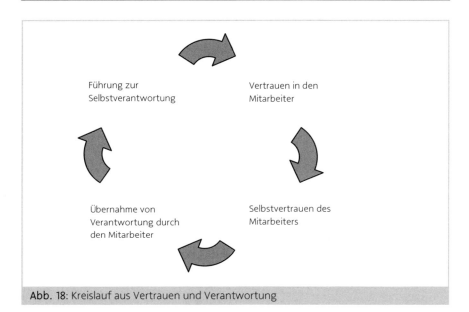

Abb. 18: Kreislauf aus Vertrauen und Verantwortung

Seien Sie geduldig

Bei der Übergabe von Verantwortung und komplexeren Aufgaben gilt es, schrittweise vorzugehen. Bevor Kinder z. B. laufen lernen, können sie zuerst stehen, wenn sie an beiden Händen gehalten werden. Dafür loben sie die Eltern. Gleichzeitig spornen sie sie an, einen Fuß nach vorn zu setzen. Die Kinder erhalten so wieder Lob und weiteren Ansporn. Die Eltern werden sie immer seltener nur für das Stehen loben und nach einer gewissen Zeit gar nicht mehr — es ist selbstverständlich geworden. Irgendwann wird den Kindern die Frage gestellt, wohin sie gehen möchten, und schon bald werden sie frei in die angegebene Richtung laufen, weil sich dort ein Spielzeug befindet.

Mitarbeiter sind keine Kinder. Aber das Prinzip ist übertragbar: Lob und Anerkennung sollte sich nicht allein auf das Erreichte beziehen, sondern ebenso auf Entwicklungen. Kein Mitarbeiter will für etwas gelobt werden, das selbstverständlich ist. Er möchte neue Ziele gesetzt bekommen, Vertrauen spüren, Verantwortung übernehmen können und letztlich für die Erreichung des neuen Ziels anerkannt werden. Und auf dem Weg dahin möchte er *nach eigenem Ermessen* unterstützt werden — so wie das Kind, das irgendwann die helfende Hand zum Laufen loslassen wird.

Kompetenztest: Verantwortung abgeben

Wie gut sind Sie darin, Verantwortung an Ihre Teammitglieder abzugeben? Machen Sie den Test:

	Ja	Nein
Haben Sie den Mut, Freiraum zu lassen?	☐	☐
Wenn Sie delegieren, delegieren Sie neben der Aufgabe auch die Verantwortung?	☐	☐
Wissen Sie, dass Sie nicht jeden Schritt Ihres Teammitglieds kontrollieren müssen?	☐	☐
Vertrauen Sie darauf, dass Ihre Mitarbeiter die übertragenen Aufgaben gut erledigen werden?	☐	☐
Vermeiden Sie es, Ihre Mitarbeiter für Selbstverständliches zu loben?	☐	☐
Erkennen Sie bei Ihrem Mitarbeiter die zuletzt gelernten Schritte an?	☐	☐
Spornen Sie zu den nächsten Schritten an?	☐	☐
Behält Ihr Feedback die Balance zwischen Anerkennung und Kritik?	☐	☐
Halten Sie Fehler aus?	☐	☐
Übergeben Sie Verantwortung nur dem Kollegen, der sie auch tragen will?	☐	☐

Je häufiger Sie mit „Ja" antworten konnten, desto besser ist Ihr Delegationsverhalten. Jedes „Nein" zeigt dagegen einen konkreten Handlungsbedarf an.

10 So nutzen Sie Konflikte im Team konstruktiv

Der Teamleiter muss Konflikte nicht nur wahrnehmen, sondern auch erkennen, ab welchem Stadium sie so stark geworden sind, dass eine Aufarbeitung notwendig ist. Er braucht methodische Kompetenzen, um tragfähige Lösungen zu entwickeln, und er muss im Team eine gesunde Streitkultur schaffen, die Auseinandersetzungen nicht per se verteufelt, sondern ihren Wert als Entwicklungsmotor anerkennt. In diesem Kapitel lesen Sie

- warum jeder Konflikt auch die Chance zur Weiterentwicklung in sich birgt,
- an welchen Anzeichen Sie Konflikte erkennen können,
- welche verschiedenen Konfliktarten es gibt,
- wie Sie sich als Teamleiter im Konfliktfall am besten verhalten
- und wie ein Konfliktlöseprozess gestaltet ist.

10.1 Konflikte als Chancen verstehen

Bei der Teamarbeit sind Konflikte unvermeidlich. Immerhin sollen bei dieser Form der Zusammenarbeit verschiedene Menschen gemeinsam Aufgaben erfüllen, sind gemeinschaftlich für ein Projekt oder ein „Geschäft" verantwortlich. Da kann es schnell zu Meinungsverschiedenheiten, persönlichen Differenzen oder Spannungen kommen.

10.1.1 Unterscheiden Sie Sach- und Beziehungsebene

Ein Konflikt im Team entsteht dann, wenn sich ein Mitglied persönlich oder in der Ausübung seiner Tätigkeit beeinträchtigt fühlt. Oft wird die Person, die als Konfliktverursacher gilt, nicht einmal wissen, dass sich andere durch ein bestimmtes Verhalten beeinträchtigt fühlen. Konflikte können sich auf der Sach- oder der Beziehungsebene abspielen. Häufig liegt auch eine Mischform vor, also ein Streit, der sich in beiden Sphären gleichzeitig abspielt, weil ein Beziehungskonflikt auf die Sachebene abfärbt und umgekehrt.

Wie Konflikte auf der Sachebene entstehen

Zu Konflikten auf der Sachebene kommt es z. B., weil
- die Teammitglieder sich nicht einig über die Zielsetzung sind,
- die einzelnen Mitarbeiter unterschiedliche Ziele verfolgen, die teilweise auch miteinander konkurrieren (z. B. der Kosten- und der Qualitätsaspekt),
- verschiedene Ansichten über Vorgehensweisen und Methoden existieren.

Ursachen für Beziehungskonflikte

Konflikte auf der Beziehungsebene sind z. B. begründet in
- einer unklaren Rollenverteilung,
- einem „nicht eingespielten" Team bzw. einer noch nicht funktionierenden Interaktion zwischen Teamleiter und Team,
- ersten, erfolglosen Bemühungen um Beziehungen im Team, die nicht fruchten, sondern frustrieren.

10.1.2 Konflikte zeigen Verbesserungspotenzial

Einerseits sind die vorhandenen Konfliktpotenziale natürlich ein Hindernis für die Teamarbeit und können schlimmstenfalls dazu führen, dass das Team als Ganzes scheitert. Darüber hinaus gibt es noch externe Faktoren, die dafür sorgen können, dass ein Team scheitert, z. B. die mangelnde Unterstützung durch die Unternehmensleitung (s. Kapitel 1.2). Doch andererseits haben Konflikte durchaus positives Potenzial, wenn es gelingt, sie im Sinne der Zielerreichung und der Beziehungsarbeit zu nutzen.

Erfolgreiche Lösungssuche verringert die Probleme

Die Lösung von Konflikten sollte für den Teamleiter keine unliebsame Aufgabe darstellen, sondern eine Chance zur Verbesserung der Zusammenarbeit. Jede Auseinandersetzung zeigt an, dass es irgendwo „hakt", dass also ein Problem vorliegt. Wenn es gelingt, diese Schwierigkeit zur allseitigen Zufriedenheit zu überwinden, hat der Teamleiter seine Mannschaft wieder einen Schritt vorangebracht.

Beziehungen verbessern sich

Die Beziehungen im Team können sogar durch eine Auseinandersetzung gestärkt werden, weil das gegenseitige Verständnis während des Prozesses wächst. Für erfolgreiches Teamworking heißt das, die Synergiepotenziale zu erkennen und zu forcieren, die Konflikte zu spüren, angemessen zu bearbeiten — und zu nutzen. Dieser Vorgang dient damit der notwendigen Hygiene für das Team. Ebenso, wie es sich mit der Bearbeitung ihrer Aufgaben auseinandersetzen muss, muss es sich auch damit befassen, wie es sich selbst arbeitsfähig erhalten kann. Dabei geht es um das „Wie" des Miteinanders und weniger um das „Was".

Welche Aufgaben der Teamleiter im Konfliktfall hat
Allerdings stellen sich weder eine tragfähige Lösung noch ihre positiven Effekte von allein ein. Im Gegenteil, ein Konflikt, der lange unbearbeitet vor sich hin schwelt, birgt ein enormes destruktives Potenzial. Für die Beteiligten reiht sich dann ein Ärgernis an das nächste und irgendwann sind die Fronten so verhärtet, dass eine Lösung — wenn überhaupt — nur mit größten Anstrengungen zu erreichen ist. Schnelles Eingreifen des Teamleiters ist daher gefragt. Seine Aufgaben sind

- den Konflikt als solchen zu erkennen und aufzudecken,
- als neutraler Mediator die unterschiedlichen Perspektiven herauszustellen,
- eine konstruktive und faire Konfliktbearbeitung zu gewährleisten,
- die Lösungssuche gerecht zu gestalten,
- eine verbindliche Vereinbarung festzuhalten
- und den Konflikt insgesamt so zu bearbeiten, dass sowohl die Teaminteressen als auch individuelle Interessen nicht gefährdet sind.

10.2 Wie Sie Konflikte erkennen können

Oft ist es gar nicht so einfach, einen schwelenden Streit zu entdecken. Denn anders, als man vielleicht vermuten könnte, haben die Beteiligten nicht immer ein Interesse daran, dass der Konflikt offengelegt und anschließend gelöst wird. Denn ein Kompromiss — also die wahrscheinlichste Variante der Konfliktlösung — bedeutet ja auch immer, einen Teil der eigenen Position aufzugeben. Außerdem kann es im Verlauf der Klärung zu unangenehmen Forderungen kommen, wie etwa der, sich beim Gegenüber zu entschuldigen.

> **Expertentipp: Vertrauen Sie Ihrer Wahrnehmung**
>
> Wenn Sie Unstimmigkeiten, schlechte Kommunikation und versteckte Reibereien in Ihrem Team wahrnehmen, sprechen Sie dies frühzeitig bei den Beteiligten an. Wundern Sie sich aber nicht, wenn Sie als Antwort Äußerungen wie „Wieso Streit? Wir verstehen uns doch prima!" erhalten — auch wenn offensichtlich das genaue Gegenteil zutrifft.

10.2.1 Wenn verschiedene Interessen aufeinandertreffen

Ein Konflikt entsteht, wenn verschiedene Interessen oder Werte aufeinanderstoßen und in Widerstreit geraten. Dabei sind beide Seiten abhängig voneinander. Dieser Punkt ist wichtig, um einen Konflikt zu verstehen: Denn wenn die Parteien nicht voneinander abhängig sind, können sie ihren Interessen relativ problemlos an anderer Stelle entsprechen. Dann wird es keine Auseinandersetzung geben, weil die Beteiligten in der Lage sind, der Situation auszuweichen.

Welche Faktoren kennzeichnen Konflikte?

Auch wenn jeder Konflikt anders ist und nach neuen Lösungen verlangt, gibt es einige Punkte, die immer vorhanden sind:

- Es existieren mindestens zwei Parteien.
- Beide Parteien haben eigene Interessen und Ziele.
- Sie sind voneinander abhängig.
- Zwischen den Einzelinteressen wird ein Gegensatz wahrgenommen.
- Es existiert ein Handlungsspielraum, innerhalb dessen die Beteiligten eigene Entscheidungen treffen können.

Ein Konflikt kann also bereits dann entstehen, wenn eine Person glaubt, in ihren Interessen eingeschränkt zu werden, auch wenn dies objektiv nicht der Fall sein muss. Voraussetzung für einen Konflikt ist auch, dass ein Entscheidungsspielraum vorhanden ist. Ist dieser nicht gegeben, nimmt die betroffene Person das jeweilige Verhalten mehr oder weniger „schicksalhaft" hin, gleich einem unumgänglichen Gesetz. Wenn ein Teamleiter einen Konflikt beilegen will, muss er vor allem klären, ob dieser tatsächlich vor Ort entstanden ist oder ob er nicht vielmehr aufgrund mangelnder Entscheidungsspielräume ein Symptom für übergeordnete Unklarheiten ist.

Welche Art von Konflikt liegt vor?

Konflikte können verschiedene Themen haben. Entsprechend lassen sie sich verschiedenen „Konfliktfamilien", die bestimmte Gemeinsamkeiten haben, zuordnen.

Konfliktarten und ihre Inhalte[1]

Konfliktart	Thema/Inhalt
Verteilungskonflikte	Der Verlust der einen Seite ist dem Gewinn der anderen gleichzusetzen.
Persönliche Konflikte	Gegenstand sind Eigenschaften und Verhaltensweisen von Menschen.
Zielkonflikte	Es ist keine Einigung über die Richtung des Vorgehens möglich — die Konfliktparteien haben unterschiedliche Zielvorstellungen.
Methodenkonflikte	Es herrscht Zielklarheit, jedoch sind die Parteien uneins über Mittel und Wege, die Ziele zu verfolgen.
Wertekonflikte	Eine Handlung oder verschiedene Ziele oder Wege stehen im Widerspruch zu bestimmten ethischen Vorstellungen.

Die Frage, auf welcher dieser Ebenen sich ein Konflikt inhaltlich bewegt, ist für die Lösungssuche entscheidend. Denn es ist z. B. wenig sinnvoll, über Vorgehensweisen zu streiten, wenn es sich eigentlich um einen Wertekonflikt handelt.

10.2.2 Verhalten im Konfliktfall

Zunächst gilt immer: Die Konfliktparteien sind für ihren Konflikt verantwortlich. Sie stehen in der Pflicht, zunächst selbst den Versuch einer Lösung zu unternehmen. Erst wenn dies nicht gelingt, tritt der der Teamleiter in seiner Funktion als oberster Konfliktmanager des Teams auf. Um diese Rolle erfolgreich erfüllen zu können, sollte er sich an folgenden Verhaltensstrategien orientieren:

---

[1] aus Höher, Friderike, Höher, Peter: Konfliktmanagement. Konflikte kompetent erkennen und lösen. Bergisch Gladbach: EHP 2004.

Wahren Sie die Würde der Personen

Eine Konfliktpartei, die im Verlauf des Vermittlungsprozesses ihr Gesicht verliert, wird sich einer Lösung verschließen oder ihr äußerlich zustimmen, innerlich aber in der Opposition bleiben. Der Teamleiter muss also darauf achten, allen Beteiligten ihre Würde zu lassen. Dazu gehört, dass er

- Beleidigungen und persönliche Angriffe vermeidet,
- nicht zynisch wird,
- niemandem Irrtümer, Dummheiten oder Schlechtigkeiten nachsagt
- und stets beim aktuellen Problem bleibt.

Hören Sie zu und betrachten Sie die Angelegenheit aus der Sicht aller Beteiligten

Lösungen, die zwar schnell zusammengezimmert sind, aber den Kern des Problems nicht treffen, führen nur dazu, dass der Konflikt vertagt wird. Daher gilt es, zunächst die Ursachen für die Auseinandersetzung zu verstehen und erst dann nach einem Kompromiss zu suchen. Der Teamleiter muss daher

- berücksichtigen, dass jemand, der zwar das Problem versteht, nicht unbedingt zustimmen muss (jedoch behindert fehlendes Verständnis für den anderen die Entwicklung einer akzeptablen Lösung),
- sich in den emotionalen Zustand der Betroffenen versetzen,
- darauf hören, was erreicht werden soll,
- eine „grundsätzliche Abneigungen" gegen „bestimmte Leute" überwinden,
- nachfragen, was genau gemeint ist
- und überlegen, wie er sich selbst an der Stelle der Betroffenen verhalten würde.

Versuchen Sie nicht, Menschen zu erziehen oder zu ändern

Im Konfliktfall geht es nur um Fragen der Zusammenarbeit, die Persönlichkeit des Einzelnen bleibt außen vor. Es ist nicht die Aufgabe einer Führungskraft, ihre Mitarbeiter zu erziehen. Immerhin arbeitet sie mit erwachsenen Menschen zusammen, die auch als solche behandelt werden wollen und sollen. Ein Teamleiter sollte daher

- niemanden über Irrtümer, Dummheiten, Bosheiten usw. belehren,
- nicht altklug oder schulmeisterlich auftreten,
- bedenken, dass sich erwachsene Menschen in gewisser Weise nicht mehr ändern werden — und schon gar nicht im Konfliktfall; allenfalls lässt sich Verhalten anpassen,

- zur Kenntnis nehmen, wie jemand ist, wie er denkt, nach welchen Werten er handelt,
- nicht überlegen, wie jemand „idealerweise" sein sollte,
- stets nur einen aktuellen Konflikt klären. Das heißt, er sollte nie versuchen, „allgemein" jemanden auf den richtigen Weg zu bringen. Es ist besser, das Lernen den Personen selbst zu überlassen.

> **Expertentipp: Fehler sind menschlich** !
> Wenn Sie in einem Konflikt vermitteln, sollten Sie bedenken, dass niemand in seinem Verhalten, Auftreten oder Denken fehlerfrei ist — auch Sie selbst nicht!

Vermeiden Sie Folgekonflikte

Nach dem Streit ist vor dem Streit? Das muss nicht sein! Um einen Konflikt dauerhaft aus der Welt zu schaffen und Folgekonflikte zu vermeiden, sollte der Teamleiter

- Schritte zur emotionalen Versöhnung initiieren,
- jedem einen (Teil-)Sieg gönnen,
- keine Triumphe über andere zulassen — schon gar nicht vor Dritten,
- keine der Konfliktparteien vor anderen lächerlich machen
- und niemanden im Nachhinein darüber belehren, wie eine Niederlage hätte vermieden werden können.

10.3 Der Konfliktlöseprozess

Hat sich der Teamleiter dazu entschlossen, bestimmte Spannungen anzusprechen, dann ist es sinnvoll, alle Betroffenen dazu einzuladen. Der erste Schritt ist immer das Gespräch in kleiner Runde. In ein Teammeeting gehört ein Streit nur dann, wenn die Konfliktursache im Team liegt oder die Lösung alle Mitglieder betrifft. Bei der Konfliktbearbeitung sollte die Führungskraft nach folgendem Prozess vorgehen:

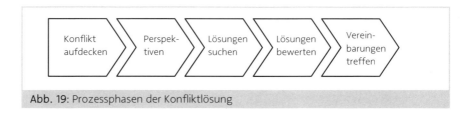

Abb. 19: Prozessphasen der Konfliktlösung

> **! Expertentipp: Phasen bewusst bearbeiten**
>
> Versuchen Sie, diese Phasen bewusst voneinander abzugrenzen, auch wenn diese natürlich fließend ineinander übergehen.

10.3.1 Decken Sie den Konflikt auf

Nicht alle Konflikte treten deutlich zutage. Wenn ein Mitarbeiter seinen Teamleiter anspricht mit „Thomas hat dies getan oder nicht getan ..." oder „Sie müssen was wegen Susi unternehmen ...", dann muss Letzterer daran denken, dass er so nur eine von mindestens zwei Perspektiven präsentiert bekommt. Auf die Frage, was denn der Mitarbeiter in der Angelegenheit schon selbst unternommen hat, bekommt der Teamleiter allerdings oft nur ein Schulterzucken.

Vermeiden Sie das Ausufern

Die Führungskraft sollte jeden Konflikt mit dem gebotenen Respekt behandeln. Dazu gehört auch — wie bereits behandelt — die Frage, ob er in die „große Runde" gehört oder ob ein Gespräch unter vier bzw. sechs Augen genügt oder sogar besser ist. Andererseits gilt es aber auch, die Situation nicht überzubewerten. Nicht jede Meinungsverschiedenheit ist gleich ein Konflikt.

Verhindern Sie die Eskalation durch rechtzeitiges Einschreiten

Wer Konfliktpotenzial frühzeitig erkennt, betreibt aktive Prophylaxe: Es muss nicht immer zum großen Knall kommen. Der Teamleiter sollte sich bemühen, Spannungen rechtzeitig wahrzunehmen und zeitnah zu reagieren. In frühen Stadien ist es oft einfacher, regulierend einzugreifen, weil ein zermürbender Kreislauf gar nicht erst ins Rollen kommt. Voraussetzung dafür ist, dass der Teamleiter seine Mannschaft aufmerksam beobachtet und sich immer wieder folgende Fragen stellt:

- Was passiert gerade im Team auf der Beziehungsebene?
- Wie werden sich X oder Y nach dieser Entscheidung fühlen?
- Wer hat gerade „Rückenwind"?
- Wer könnte enttäuscht sein?
- Was kann dies für Auswirkungen haben?

Kommunizieren Sie mit Ihrem Team

Im Anschluss an die Beobachtung muss der Teamleiter entscheiden, ob er seine Mitarbeiter gezielt darauf ansprechen soll, um ihnen seine Eindrücke mitzuteilen und sich diese auch bestätigen zu lassen. Das Ansprechen von Problemen sollte in dieser ersten Runde noch so neutral wie möglich erfolgen — die reine Mitteilung der Beobachtungen genügt. Dabei sollte der Teamleiter aus seiner persönlichen Sicht sprechen:

- Was beunruhigt ihn?
- Was hat er beobachtet?
- Was befürchtet er persönlich?
- Was kann dies seiner Meinung nach für das gesamte Team bedeuten?

> **Expertentipp: Seien Sie unparteiisch** !
>
> In einem Konflikt sollten Sie stets Ihre neutrale Rolle herausstellen. Sie sind kein Sympathisant der Person X oder Y, sondern Ihr Interesse gilt dem Team und seinen Mitarbeitern.

10.3.2 Entwickeln Sie Perspektiven

In einem Konfliktfall gibt es stets drei Perspektiven, die herauszustellen sind: die der beiden Konfliktparteien und eine dritte Perspektive — die eines neutralen Beobachters.

Forschen Sie nach den Ursachen

Zunächst sollte der Teamleiter versuchen, möglichst viele Informationen zu sammeln. Dazu ist es notwendig, dass die beiden Konfliktparteien ihre jeweiligen Perspektiven schildern. Hier sollte viel Raum für eine aufrichtige Beschreibung vorhanden sein, es bietet sich daher an, mit offenen Fragen zu arbeiten:

- „Was ist es, was Sie stört?"
- „Warum verhalten Sie sich so?"
- „Welche Gedanken und Gefühle haben Sie dabei?"
- „Was wollen Sie erreichen?"

> **! Expertentipp: Offene Fragen**
>
> Offene Fragen lassen keine Beantwortung durch ein einfaches „Ja" oder „Nein" zu. Sie fordern eine individuelle Schilderung und enthalten keine Aufforderung zu einer Entscheidung. Sie sind auch nicht suggestiv.

Haben Sie den Kern des Problems erfasst?

Um sicherzustellen, dass das Gesagte auch richtig verstanden wurde, ist es sinnvoll, am Ende alles zusammenzufassen. Dazu eignen sich geschlossene Fragen:

- „Habe ich richtig verstanden, dass ...?"
- „Sie wollen also ...?"
- „Sie sehen die Gefahr, dass ...?"

Sinn der Fragen ist nicht nur, dass der Konfliktmoderator alle Punkte verstanden hat. Auch die „gegnerische" Partei sollte die geschilderte Position und die damit verbundene Motivation verstehen. Sie muss nicht zustimmen, sollte aber Verständnis aufbringen.

Ein solches Interview sollte immer am Beginn eines Konfliktlöseprozesses stehen — und grundsätzlich in Anwesenheit beider Konfliktparteien stattfinden. So erhalten die Streitenden die Gelegenheit, in einem geschützten Rahmen den Standpunkt des jeweils anderen zu hören. Das ist bereits der erste Schritt zur Konfliktlösung.

Welche Folgen hat der Konflikt für andere?

Wie bereits erwähnt, hat jeder Konflikt noch eine dritte Perspektive, nämlich die des Teamleiters als neutraler Beobachter. Die Führungskraft sollte den Konfliktparteien deutlich machen, welche Alternativen sich ergeben können, sollte der Konflikt nur unzureichend und unkonstruktiv bearbeitet werden. Dies kann bis zum Ausschluss einer oder beider Konfliktparteien aus der Gruppe führen, wenn das gesamte Team durch den Konflikt gefährdet wird.

10.3.3 Suchen Sie eine Lösung

Konflikte werden nicht logisch gelöst. Die „objektive Wahrheit" ist selten alleinige Ursache für den Konflikt oder Ausgangspunkt, um ihn zu schlichten. Ansätze zur Lösung liegen darin, dass alle Beteiligten akzeptieren, dass der Standpunkt der anderen berechtigt ist.

Gehen Sie nach dem Harvard-Konzept vor
Einen bewährten Ansatz zur Konfliktlösung hält das Harvard-Konzept bereit. Es arbeitet mit einer 4-Quadranten-Analyse nach Roger Fisher, deren Felder nacheinander unter Moderation des Teamleiters — oder in schwierigen Fällen durch einen externen Berater — bearbeitet werden sollten.

I. Quadrant	II. Quadrant
- Welche Symptome hat der Konflikt? - Wie wäre die wünschenswerte Situation? - Was ist die Kluft zwischen Ist und Soll?	- Diagnosen der Gründe für Ursachen des Konflikts - Ursachen für bisheriges Scheitern oder Verweigern von Lösungen
III. Quadrant	IV. Quadrant
- Allgemeine Lösungsansätze: Erarbeiten von Lösungsansätzen - Zunächst wertfreies Aufzeigen aller Alternativen (auch worst case)	Handlungskonzept (für alle Lösungsansätze): - Wer macht was? - Wie gehen wir vor? - Bis wann erledigt?

Quadrant I: Wie ist der Stand der Dinge?
Zunächst tragen alle Beteiligten möglichst viele Symptome zusammen. Ziel ist, ein umfassendes Bild von allen Auswirkungen des Konflikts zu erhalten. Diese Gesamtschau steht dann nicht nur dem Konfliktlöser, sondern allen Beteiligten zur Verfügung. Das ist die erste Einladung zum Perspektivenwechsel.

Quadrant II: Woran liegt's?
Anschließend folgt die Ursachensuche. Hier sollten die Betroffenen die Standpunkte wechseln, z. B. mithilfe von Fragen wie „Herr X, was meinen Sie, warum verhält sich Herr Y so?" Wenn es um die Frage geht, warum die Konfliktparteien die Auseinandersetzung nicht beilegen wollen, sollten auch das Umfeld und die

Rahmenbedingungen Berücksichtigung finden. Gibt es „lachende Dritte"? Haben sich die Beteiligten eventuell in ihrem Konflikt schon eingerichtet? Haben sie möglicherweise Vorteile, wenn der Streit weiterhin existiert? So kann es z. B. sein, dass es nicht notwendig oder möglich ist, eine Entscheidung zu treffen, solange der Konflikt nicht gelöst ist.

> **!** **Expertentipp: Was ist Ursache, was Wirkung?**
> Versuchen Sie, in diesem Quadranten die Zirkularität von Konflikten herauszuarbeiten. Oft ist ein Verhalten Ursache und Reaktion zugleich.

Quadrant III: Wie kann es weitergehen?

Im dritten Schritt erarbeitet der Teamleiter gemeinsam mit den Konfliktparteien mit Hilfe von Brainstorming und Brainwriting (s. Kapitel 7.3.2) möglichst viele Lösungsansätze. Auch Varianten, die ganz sicher nicht „die Lösung" darstellen, sollten festgehalten werden — es ist wichtig, alle Möglichkeiten schriftlich zu notieren.

Quadrant IV: Wege zur Umsetzung

Um allen Beteiligten klar zu machen, was genau nun die Lösung des Konflikts ausmacht und welche Konsequenzen dies für den Einzelnen hat, sollten für die Lösungsmöglichkeiten Handlungspläne erstellt werden. Eine Konfliktlösung wird in der Regel für beide Parteien Kosten und Nutzen haben — diese sollte der Teamleiter möglichst frühzeitig herausstellen, um Folgekonflikte zu vermeiden.

10.3.4 Bewerten Sie die Lösungen

Mithilfe der 4-Quadranten-Analyse sind mehrere Handlungsalternativen entstanden. Die Konfliktparteien stehen nun vor der Aufgabe, eine daraus auszuwählen.

Was bringen die einzelnen Vorschläge?

Um eine vernünftige Wahl treffen zu können, müssen die Betroffenen die einzelnen Varianten bewerten. Sinnvoll sind die folgenden Kriterien, die gleichberechtigt nebeneinander stehen:

- Kosten der Lösung
- Zufriedenheit mit der Lösung
- Auswirkungen auf die Zukunft oder auf Dritte
- Auswirkungen auf die Beziehung der Konfliktparteien

Auch diese Bewertung sollten die Konfliktparteien gemeinsam erarbeiten und die Ergebnisse für jede Lösungsvariante schriftlich festhalten. So ist gewährleistet, dass die Vor- und Nachteile vor der endgültigen Entscheidung vergleichbar sind.

Suchen Sie den Kompromiss

An diesem Punkt wird deutlich, dass sich die beiden Parteien einander annähern müssen, denn die eigene Zufriedenheit steht häufig der des anderen konträr gegenüber. Aber wenn die Betroffenen sich in ihren Bedürfnissen und Ansprüchen näher kommen, ist dies oft schon ein Zeichen für einen geeigneten Weg.

Durch die Bewertung, welche Auswirkung eine Lösung für die Beziehung der Konfliktparteien hat, zeigt der Teamleiter als Mediator deutlich, wie sehr ihm an einer konstruktiven und neutralen Lösung liegt.

> **Expertentipp: Alle Aspekte berücksichtigen** !
>
> Machen Sie deutlich, dass die endgültige Entscheidung unter Berücksichtigung aller vier Kriterien getroffen wird und nicht nur an der Zufriedenheit der Konfliktparteien festgemacht werden kann. Schließlich können Sie als Teamleiter nicht zulassen, dass ein Dritter unter der Lösung zu leiden hat.

10.3.5 Treffen Sie Vereinbarungen

Am Ende des Prozesses steht eine Lösung für den Konflikt. Im Idealfall entscheiden sich die Konfliktparteien selbst für eine der aufgestellten Varianten. Wenn sie dazu aber nicht in der Lage sind, ist der Teamleiter gefragt. Er sollte gleich zu

Beginn dieser abschließenden Phase deutlich machen, dass er im Ernstfall eine Entscheidung treffen und diese auch durchsetzen wird.

Welche der gefundenen Varianten die Konfliktparteien tatsächlich umsetzen, sollte schriftlich festgehalten werden. Dazu sollten alle gemeinsam eine schriftliche Vereinbarung treffen, wer bis wann was zu tun hat, um dem Streit die Nahrung zu entziehen, und dieses Schriftstück unterzeichnen. Möglicherweise ist ein Nachgespräch zu einem späteren Zeitpunkt sinnvoll, in dem überprüft wird, inwieweit die Vereinbarungen eingehalten wurden und wie viel von dem Konflikt noch vorhanden ist.

11 So führen Sie virtuelle Teams

Im Arbeitsalltag ist bereits jetzt kaum verkennbar, dass sich die Art der Zusammenarbeit von Teams oder auch innerhalb von Teams auf profunde Weise verändert. Das Internet und damit verbunden Programme wie etwa Skype ermöglichen Videokonferenzen, Briefe und Nachrichten werden als E-Mails binnen weniger Sekunden übermittelt etc. Längst arbeiten internationale Projektteams über die Zeitzonen hinweg miteinander und nutzen die Möglichkeit, auf diese Weise im 24/7-Takt (24 Stunden am Tag, 7 Tage die Woche) „am Ball" zu bleiben. Die Aufteilung in mehr oder weniger lose Netzwerke bedeutet die Verlagerung von Verantwortlichkeiten weg von der Führungskraft hin zum Team — und im Extremfall zu einzelnen Gliedern davon. Damit erweitern sich die Handlungsspielräume deutlich und ändern die Erwartungen an Mitarbeiter.

11.1 Zukünftige Teams führen sich selbst

In Zukunft werden immer mehr Teams dazu angehalten sein, sich selbst zu führen. Teams der Zukunft unterscheiden sich also von heutigen Teams darin, dass sie selbst ganz oder teilweise über

- Ziele,
- Umgang mit Ressourcen und Budget,
- Qualifikationen und Schulungen,
- personelle Entscheidungen,
- Arbeitsmethoden,
- Jobrotation,
- Termine sowie
- Standards

entscheiden.

Unternehmen im Unternehmen
Für all diese Dinge tragen die Teams dann auch die Verantwortung. Dementsprechend orientiert sich die Entlohnung zunehmend an der Teamleistung. Heutige Profit-Center-Konzepte basieren auf diesem Verständnis von Teams.

Die Idee von den Unternehmen im Unternehmen prägt mehr und mehr die künftige Arbeitswelt. Damit wird auch der einzelne Mitarbeiter als Teil seines Teams zum Unternehmer. Er ist nicht mehr Teil eines großen Konzerns, dessen Umsätze und Kosten abstrakt und weit entfernt vom eigenen Tun sind, sondern er ist Mitglied einer kleineren Einheit, die selbst für Kosten und Ergebnisse verantwortlich ist und davon auch profitiert.

Verbesserungen mittels moderner Führungsinstrumente

Damit die Teams der Zukunft den neuen Herausforderungen gewachsen sind, müssen klassische Führungsinstrumente zum Standard in jedem Unternehmen werden.

Entwicklung des Teamkonzepts	
Heute	**Morgen**
Autoritäre oder partizipative Führung	Selbstführung, auch rotierende Führung
Entscheidung über Vorgehensweisen, partielle Mitbestimmung oder Anleitung zum Tun	Entscheidungen über Budgethandling, Ziele, Qualifikationen
Mitarbeiter können Initiative ergreifen und Vorschläge machen	Mitarbeiter lösen Probleme proaktiv selbst
Erste Ansätze einer Feedbackkultur	Feedback gilt als Voraussetzung für effizientes Arbeiten
Vergütung über Fixum und Bonus nach Einzelbeurteilung	Vergütung über Zielvereinbarung und Teamleistung (neben Einzelleistung)
Eher in mittleren und oberen Ebenen angesiedelt	In allen Hierarchieebenen verbreitet

Hohe Flexibilität als Folge

Organisationen, deren kleinste Einheiten aus solchen hochautonomen Teams bestehen, können sich wie lebende Organismen an eine Umwelt anpassen, die sich ständig verändert. Jede Zelle sucht für sich selbst nach Möglichkeiten der Adaption — und nicht mehr nur einige wenige Köpfe im Topmanagement, die Veränderungen beschließen, umsetzen und kontrollieren. Verbunden mit diesem Wandel verändern sich auch die Anforderungen an Teamleader und Mitarbeiter, die in Teams tätig werden.

Der Teamleiter als Koordinator

Das „typische" Anforderungsprofil für Teamleader verschiebt sich. Zwar bleiben die Anforderungen an das Niveau der Fachkompetenzen eher unverändert. Aber Kompetenzen zur Prozesssteuerung, zur Mitarbeiterführung und -entwicklung sowie eine unternehmerische Handlungsorientierung und Flexibilität werden deutlich stärker gefordert sein. Auch der Führungsprozess verändert sich dadurch. An die Stelle von Führung tritt vermehrt „Selbstführung": Was Projektteams schon heute teilweise praktizieren, wird zunehmend auch zum Arbeitsprinzip für permanente Teams werden. Für diese Entwicklung gibt es gleich mehrere Gründe.

Flexibilität ist nötig

Die Bedeutung von funktionsübergreifenden und integrierenden Arbeitsprozessen wächst, d. h., die Organisationen müssen immer flexibler werden. Wettbewerb und Marktsituation verlangen von Unternehmen eine hohe Anpassungsfähigkeit, der Kommando- und Kontrollorganisationen nicht mehr gerecht werden.

Mitarbeiterverantwortung wächst

In den Unternehmen entstehen durch die zunehmende Verflachung der Hierarchien, durch Lean Management und Profit-Center-Strukturen immer kleinere Organisationseinheiten. In ihnen müssen die Mitarbeiter zwangsläufig mehr Verantwortung übernehmen. Hinzu kommt, dass die Situation auf den Märkten zunehmend schnelle strategische Entscheidungen erfordert. Das bindet Managementressourcen, die damit dem operativen Tagesgeschäft entzogen sind. Sie müssen durch Mitarbeiterressourcen ersetzt werden.

Handlungsspielraum sorgt für Motivation und fähigen Nachwuchs

Die steigende Verantwortung und der damit verbundene Schulungs- und Qualifikationsaufwand fordert die Mitarbeiter und motiviert sie gleichzeitig. Zudem kann sich das Recruitment des Führungsnachwuchses durch die kontinuierliche Entwicklung von Kompetenzen einerseits und die Erweiterung des Handlungsspielraums andererseits stärker intern orientieren.

> **Expertentipp: Kompetenten Nachwuchs halten** !
>
> Qualifizierte Mitarbeiter sind das wichtigste Kapital des Unternehmens. Die Attraktivität des Arbeitgebers erhöht sich durch eine moderne Führungskultur massiv. Leistungsträger sind sich heute ihrer Wahlmöglichkeiten bewusst und nicht länger bereit, sich autoritären Führungssituationen auszusetzen.

11.2 Motivation in virtuellen Teams

Gerade weil virtuelle Teams mit weniger natürlichem Bindungsstoff wie z. B. gemeinsamen Mittagspausen oder dem Klatsch in der Kaffeeküche zusammengehalten werden als herkömmliche Teams, gilt es, Formen einer motivierenden Zusammenarbeit zu finden, die in Indien, Deutschland und den USA gleichermaßen gelten. Dies wird teilweise vereinfacht durch die Internationalisierung von Bildungssystemen und durch die Möglichkeit, sowohl beruflich als auch privat ausgedehnte Reise zu machen, die mit entsprechenden interkulturellen Erfahrungen verbunden sind. Doch das allein reicht nicht aus, um ein kontinuierliches Motivationsniveau beizubehalten. Beachten Sie deswegen in Ihrer Arbeit mit virtuellen Teams folgende Aspekte:

Arbeiten mit Symbolen

Ein intelligent geplantes Kick-off-Meeting, häufig verbunden mit teambildenden Elementen eines Outdoortrainings, setzt den Startpunkt der Teamarbeit, vor allem auch für temporär angelegte Projektarbeiten. Das Meeting hat den Zweck, sich gegenseitig kennenzulernen. Im Idealfall können Kollegen Gemeinsamkeiten entdecken und somit ein emotionale Verbindung aufbauen. Es sollte aber das Kick-off-Meeting nicht nur zum Kontaktaufbau genutzt werden: Im Zuge des Meetings sollten auch Guidelines der Zusammenarbeit und ein Selbstverständnis des Teams formuliert werden. Darüber hinaus sollte jeder Einzelne die Vorteile der Teamarbeit klar erkennen. Die ersten Zusammenkünfte des Teams haben einen hohen Symbolcharakter und sind häufig die Grundlage und der Referenzpunkt für einen entstehenden Teamspirit. Das Event sollte einen nachhallenden Effekt haben, etwa durch das Überreichen eines Symbols, welches das Projekt später am jeweiligen Arbeitsplatz versinnbildlicht. Ansonsten gilt allzu leicht: „Aus den Augen, aus dem Sinn."

Kleingruppen formen

Je größer das Team, desto wichtiger ist es, kleinere Gruppen von zwei bis sechs Teilnehmern für bestimmte Projektbereiche zu formen, die man besser fokussieren kann als ein größeres Gebilde. Anerkennungen sollte fair und gleich verteilt werden, auch wenn es für den Teamleiter einfacher erscheint, sich auf die Mitarbeiter zu konzentrieren, die in seiner räumlichen Nähe arbeiten. Ebenso sollten kritische Aspekte auf sachliche Art offen angesprochen werden, um störende Emotionalitäten zu vermeiden.

Wirkungsvoll kommunizieren

Je mehr Kulturen zusammenarbeiten und je breiter verstreut das Team ist, desto eher steht eine klare und unmissverständliche Kommunikation im Vordergrund. Diese kann über visuelle Medien erfolgen. Bilder, auch Fotos, Grafiken und sonstige Darstellungsformen sagen häufig mehr als viele Worte und vermitteln klare Botschaften. Es wurde bereits über die Kraft von Symbolen gesprochen. So kann den Teammitgliedern eine Übersicht aller Kollegen samt Fotos, Mobiltelefonnummern, Adressen etc. zur Verfügung gestellt werden. Diese Informationen sind nicht nur nützlich, sondern es wird auch das Gefühl, einem Team zuzugehören, gefestigt.

Der Teamleiter sollte einen klaren Kommunikationsplan erarbeitet haben, der z. B. wöchentliche Rund- oder Statusmails beinhaltet. Ebenso sollten Projektmeilensteine dokumentiert werden. Und zum Geburtstag kann eine persönliche Überraschung erfolgen. Erhöhen Sie die Akzeptanz durch Transparenz.

Hinter der mangelnden Akzeptanz verbirgt sich oft Unkenntnis über das, „was da auf einen zukommt". Gerade die Entfernungen zwischen Teammitgliedern erschwert bisweilen die direkte und persönliche Kommunikation auf schnellem Wege. E-Mails vermögen vor dem Hintergrund Ihres oft formalen Charakters manchmal nicht, „zwischen die Zeilen" blicken zu lassen. Da man sich auf persönlicher Kontaktebene nur selten begegnet, fehlt häufig auch ein natürliches Grundvertrauen in die Organisation, das Team oder den Teamleiter. Genau deshalb hat der Teamleiter hier eine besondere Hebelwirkung zu entfalten. Wer seine Mannschaft regelmäßig über wesentliche Punkte informiert und dabei auch über den Sinn und Zweck von Veränderungen und Entscheidungen spricht, ermöglicht es seinen Mitarbeitern, eine aktive Rolle zu spielen, statt alles nur passiv über sich ergehen zu lassen.

11.3 Teams in der Veränderung

Ein Veränderungsprozess verläuft in fünf Stufen:
1. Problembeschreibung
2. Zieldefinition
3. Projektdesign
4. Umsetzung
5. Transfercheck

Widerstände können verschiedene Auslöser haben, je nachdem, in welcher Phase der Teamarbeit sie auftreten. Durch das Stellen der richtigen Fragen ist es möglich, die Ursachen für eine destruktive Haltung bei den Teammitgliedern aufzuspüren und sie dann gezielt zu beheben. Hilfreich ist es, in diesem Zusammenhang mit Leitfragen zu arbeiten, um möglichst viele Aspekte zu berücksichtigen.

Phase	Leitfragen zur Motivierung
Problembeschreibung	• Wie stellt sich das Problembewusstsein der Betroffenen dar? Ist es vorhanden? • Wie kann ich die Chancen, die eine Veränderung in sich birgt, transportieren? • Was kann ich tun, um bisher geleistete Arbeit wertschätzend anzuerkennen? • Welche Personen könnten sich von Veränderungen persönlich betroffen fühlen (Schuldgefühle, Angst)? • Auf welchem Wege kann Energie für eine Veränderung geweckt werden, ohne dass übermäßiger Erfolgsdruck entsteht?
Zieldefinition	• Was ist die konkrete Zielsetzung für die einzelnen Betroffenen? • Wie kann ich mit diesen entsprechend der unterschiedlichen Bedürfnisse kommunizieren? • Wer ist am meisten, wer am wenigsten von den Veränderungen betroffen? • Welche Standards sollen ab sofort für wen gelten, um das Ziel zu erreichen?
Projektdesign	• Wie können möglichst viele Mitarbeiter in die Projektgestaltung eingebunden werden? • Sind alle betroffenen aufbauorganisatorischen Einheiten im Projektdesign paritätisch berücksichtigt? • Wer könnte zu Lösungsvorschlägen befragt werden?
Umsetzung	• Zeigen sich alle Mitarbeiter einsatzbereit, um die beschlossenen Veränderungen aktiv mitzugestalten? • Welche Widerstände existieren? Wie kann diesen begegnet werden, wie können sie eingebunden und genutzt werden? • Finden sich in der Umsetzung alle Interessen wieder, die das Projektdesign bestimmt haben?
Transfercheck	• In welchem Umfang wurden die Projektziele realisiert? • Wurde die erwünschte Beteiligung erreicht? • Welche Widerstände waren „erfolgreich" — und welche Bedeutung könnte dies haben? • An welchen Stellen gilt es, mit veränderten Konzepten und Ideen nachzubessern?

Wie Sie aus Widerständen einen Nutzen ziehen

Das Beharren auf Althergebrachtem, das viele Menschen in Zeiten des Wandels zeigen, ist nichts Ungewöhnliches. In einem Projekt kann es sogar eine durchaus wichtige Rolle spielen: Es bremst ein wenig die Begeisterung und sorgt dadurch für einen klareren Blick. Wenn es Widerstände dagegen gibt, bestimmte Prozesse zu verändern, lohnt sich oft die Frage: Was funktioniert daran besonders gut? Was davon ist bewahrenswert? Warum möchten die Menschen daran unbedingt festhalten, worin liegt der Nutzen für sie? Wenn der Teamleiter solche Fragen an sein Team stellt, erreicht er gleich mehrere Dinge auf einmal:

- Er vermittelt seinen Mitarbeitern, dass er ihre Bedenken und Ängste ernst nimmt,
- er bindet sein Team in den Veränderungsprozess ein, indem er die Vorschläge und Ideen mit ihnen diskutiert,
- er baut Vertrauen auf,
- er verhindert, dass womöglich während einer aktionistischen Phase Erhaltenswertes „über Bord geht".

11.4 So gehen Sie mit Saboteuren um

Nicht immer sind die Versuche, alle Mitarbeiter über alle Projektphasen hinweg zu motivieren, von Erfolg gekrönt. In jedem Team gibt es Kollegen, die sehr engagiert bei der Sache sind, aber auch solche, die das Vorhaben verdeckt oder auch ganz offen boykottieren und sabotieren. Dann muss der Teamleiter zwingend eingreifen, um die Zielerreichung nicht zu gefährden.

11.4.1 So können Sie mit Widerständen umgehen

Je eigenverantwortlicher Mitarbeiter agieren, desto eher kann es vorkommen, dass sich innerhalb des Teams Fliehkräfte entwickeln und Einzelne temporär beginnen, ein Eigenleben zu führen. Das Team wird „egal", die persönliche Aufgabe allein steht im Vordergrund. Es kann aber auch vorkommen, dass Teamleiter mit Mitarbeitern konfrontiert werden, die sich gar nicht mehr für die Kollegen, die übertragenen Aufgaben, die gemeinsamen Ziele, den Zeitplan — sprich für das gesamte Projekt — begeistern lassen. Je nach Ausprägung der Ablehnung kann das für die Teamarbeit gravierende Folgen haben: Manche Menschen werden dann in der Gruppe zu reinen Mitläufern, die keinerlei kreativen Input und kein Engagement mehr zeigen, andere dagegen beginnen womöglich, gegen die anderen Kollegen zu arbeiten und den Projekterfolg zu sabotieren.

Virtuell orientierte Team- und Projektarbeiten bringen in der Regel zahlreiche Neuerungen im Unternehmen — und damit auch im Arbeitsleben des einzelnen Mitarbeiters — mit sich. Einer solchen Situation ist nicht jeder gleich gewachsen. Wenn sich die Mitarbeiter nicht oder nicht mehr mit ihrer Arbeit identifizieren können, hat dies oftmals zur Folge, dass Widerstände im Team wachsen.

11.4.2 Machen Sie Betroffene zu Beteiligten

Menschen fällt es viel leichter, sich für etwas zu engagieren, wenn sie von vornherein alle wesentlichen Informationen erhalten und in die Lösungssuche einbezogen werden.

> **Expertentipp: Spezialisten einbinden**
>
> Die umfassende Information Ihrer Mitarbeiter bietet noch einen weiteren und zentralen Vorteil: Je breiter die Datenbasis ist, über die die Spezialisten in Ihrem Team verfügen, desto besser und gezielter können Sie als Teamleiter deren Expertenwissen nutzen. Denken Sie daran: Wer nicht alle relevanten Informationen kennt, kann keine umfassende und auf die jeweilige Situation gemünzte Auskunft geben.

11.4.3 Wie verhalten sich Mitarbeiter in Veränderungsprozessen?

Generell lassen sich bei Projekten und Aufgaben sechs mögliche Reaktionen durch Teammitglieder unterscheiden — je nachdem, ob die jeweilige Person dem ausgelösten Wandel positiv, negativ oder neutral gegenübersteht und diese Einstellung aktiv oder passiv wahrnimmt.

	Pro-Change	Nicht festgelegt	Contra-Change
aktiv	Innovatoren	Distanzierte	Boykotteure
	Change Agents	Engagierte	Dogmatiker
passiv	Assistenten	Mitläufer	Skeptiker
	Produzenten	„Träge Masse"	„Kopf in den Sand"

„Pro-Change" heißt: Weitere Motivation ist nicht nötig

Teams leben von den Mitgliedern, die dem Projekt und der Aufgabe gegenüber positiv eingestellt sind. Wer in die Kategorie der „Change Agents" gehört, arbeitet begeistert mit und bringt selbst Vorschläge für Veränderungen ein. Auch Assistenten und Produzenten, die den Wandel begrüßen, tragen wesentlich zum Teamerfolg bei. Allerdings ist es wichtig, dass diese beiden Vertreter der „passiven Pro-Change-Gruppe" Fortschritte beim Projekterfolg erkennen.

Nicht-Festgelegte erfordern Überzeugungsarbeit

Mehr Führungsarbeit erwartet den Teamleiter, wenn er es mit Mitgliedern der Gruppe der „Distanziert-Engagierten" und mit Mitläufern zu tun hat. Diese Personen erdulden den Veränderungsprozess nur, gestalten ihn aber nicht aktiv mit. Sie erbringen ihre Leistung, allerdings nur, wenn auf sie Druck ausgeübt wird.

Solche Teammitglieder sollten stärker in die Vorbereitung und Planung einbezogen werden, da es gelingen kann, sie durch verstärkte Transparenz in Richtung „Pro-Change" zu ziehen.

Gegner sind eine Herausforderung

Besonders schwierig ist natürlich der Umgang mit denjenigen Teammitgliedern, die dem Projekt skeptisch oder gar ablehnend gegenüberstehen. Auch hier sollte der Teamleiter versuchen, den Kollegen das Vorhaben transparent zu machen und ihre Vorschläge einzubinden. Wenn es ihm gelingt, Mitarbeiter, die „Contra-Change" eingestellt sind, ins gemeinsame Boot zu holen, hat dies gleich doppelt positive Folgen. Zum einen blockieren die betreffenden Kollegen das Team nicht länger und zum anderen wächst die Akzeptanz des Teamleiters: Wer in der Lage ist, die „Gegner" zu überzeugen, der wird auch bei anderen Betroffenen Erfolg haben.

> **Expertentipp: Zeigen Sie Geduld**
>
> Erwarten Sie nicht, dass sich Mitarbeiter von heute auf morgen von Gegnern zu Befürwortern Ihres Vorhabens wandeln. Hier ist Ihre Geduld gefordert. Es kann Jahre dauern, bis umfangreiche Veränderungen vollständig akzeptiert sind.

11.4.4 Verhindern Sie aktive Gegenwehr

Anders stellt sich allerdings die Situation dar, wenn ein negativ eingestelltes Teammitglied die Arbeit und das Projekt aktiv sabotiert. Diesem Untergraben vor allem seitens der hochaktiven und damit äußerst gefährlichen Gruppe der Boykotteure sollten die Verantwortlichen unbedingt Einhalt gebieten.

Was Boykotteure im Team anrichten können

Nicht nur, dass Saboteure vermutlich ihre eigenen Aufgaben im Team nur unzureichend erfüllen und ihre gesteckten Ziele nicht erreichen, auch für den Rest des Teams hat ihr destruktives Verhalten schwerwiegende Folgen. So können sie z. B. durch zynische Bemerkungen und durch ihre Verweigerungshaltung alle Bemühungen, einen Teamgeist zu entwickeln, zunichte machen. Außerdem versuchen sie häufig, die Mitglieder aus der Gruppe der Nicht-Festgelegten auf „ihre Seite" zu ziehen, wodurch sich das Arbeitsklima weiter verschlechtert.

Bitten Sie um konstruktive Kritik

Auch bei der aktiven Gegenwehr kann der Teamleiter zunächst versuchen, durch Transparenz und aktives Einbeziehen diese Mitarbeiter noch vom Sinn und Zweck der Aufgabe zu überzeugen, sodass diese ihre destruktiven Aktionen beenden. Ein Gespräch unter vier Augen — verbunden mit dem Hinweis darauf, welche Konsequenzen drohen, nämlich die Entfernung aus dem Team — kann die Wende bringen. Hilfreich ist in solchen Fällen die Aufforderung, berechtigte Kritik mit den passenden Lösungen offen auszusprechen.

Trennen Sie sich von unbelehrbaren Teammitgliedern

Wenn auch diese letzten Versuche, Saboteuren eine Chance zu geben, scheitern, hilft nur eines: den Boykotteur aus dem Team zu entfernen. Der Teamleiter sollte in diesen Fällen das weitere Vorgehen mit seinem Vorgesetzten absprechen und dann mit diesem zusammen einen passenden fachlichen Ersatz suchen.

> **Kompetenztest: Wo stehen Ihre Mitarbeiter?**
>
> Lassen Sie sich nicht von unerwünschten Entwicklungen in Ihrem Team überraschen. Verschaffen Sie sich einen Überblick, welche Einstellung jedes Ihrer Teammitglieder zum laufenden Projekt hat.
>
> Bestimmen Sie zunächst, in welcher Phase sich Ihr Projekt befindet.
>
> Versuchen Sie anschließend, anhand der Leitfragen zur Motivierung (s. Kapitel 11.3) für jedes einzelne Teammitglied einzuschätzen, ob Probleme vorliegen oder nicht.
>
> Ordnen Sie Ihre Teammitglieder den Kategorien „Pro-Change", „Nicht festgelegt" und „Contra-Change" sowie „aktiv" und „passiv" zu.
>
> Überlegen Sie sich im Anschluss, mit welchen Mitteln Sie die Nicht-Festgelegten und die „Contra-Change"-Eingestellten von der Aufgabe überzeugen können. Richten Sie dabei Ihr Augenmerk besonders auf die Boykotteure in Ihrem Team.

Teammitglied braucht Bereitschaft zur Kooperation

Für die Mitarbeiter gilt Ähnliches: Hier werden zunehmend kommunikative Fähigkeiten, die Bereitschaft zur Kooperation und das Bewusstsein über die Positionierung innerhalb eines Teams im Zentrum der Aufmerksamkeit stehen. Das unternehmerische Denken gewinnt auch für die Tätigkeit von Mitarbeitern ohne Führungsaufgaben an Bedeutung.

Mitarbeiter benötigen zudem ein hohes Maß an Ambiguitätstoleranz: Sie haben der Balance zwischen individuellen Profilierungswünschen und Teambedürfnissen Rechnung zu tragen.

Ausgewählte Literatur

Niermeyer Rainer: Coaching — sich und andere zum Erfolg führen.
Planegg bei München: Haufe 2007
Das Buch stellt alle wichtigen Coachingtechniken anschaulich dar, mit dem Ziel, Sie als Führungskraft bzw. als Coach in die Lage zu versetzen, Mitarbeiter mittels der praxiserprobten Coaching-Instrumente auf eine neue Leistungsebene zu führen.

Niermeyer, Rainer: Mythos Authentizität.
Frankfurt: Campus 2008
Hier wird aufgeräumt mit dem Irrglauben, Authentizität mache Führungskräfte erfolgreich. Zahlreiche unterhaltsame Beispiele aus Politik, Wirtschaft und Showgeschäft belegen den Sinn einer bewussten Selbstinszenierung. Tipps zur persönlichen Markenformung geben klare Umsetzungshinweise. — „Sein Buch bietet ein Grundrezept für Führungserfolg", so Reinhard K. Sprenger.

Niermeyer, Rainer; Postall, Nadia: Effektive Mitarbeiterführung
Wiesbaden: Gabler 2010
Die Autoren zeigen auf pragmatische Art, welche Führungstechniken und -Instrumente wirklich relevant sind und wie sie erfolgreich in die Praxis umgesetzt werden. Ob Führungsnachwuchskräfte oder gestandene Manager — in diesem Buch erfahren Sie, wie Sie Mitarbeiter zielgerichtet unterstützen, lenken, fordern und fördern.

Niermeyer, Rainer; Postall, Nadia: Mitarbeitermotivation in Veränderungsprozessen
Planegg bei München: Haufe 2014
Dieses Buch ist ein Leitfaden, um Menschen für Veränderungen zu begeistern. Die Autoren zeigen, wie weiche Faktoren und psychologisches Wissen genutzt werden können, um ein Team sowie ein Unternehmen effektiv und ohne Reibungsverluste zu verändern. Detailliert werden die einzelnen Phasen des Changeprozesses. Entsprechend konkret sind die Empfehlungen zur Führung und Motivation von Mitarbeitern in der Zeit der temporären Verunsicherung. Die Autoren vermitteln aktuelles Managementwissen und differenzierende Men-

schenkenntnis, da bei gelungene Veränderungen der Mensch im Mittelpunkt steht.

Malik, Fredmund: Führen — Leisten — Leben
Frankfurt: Campus 2014

Malik, dessen Ziel es ist, professionelle Standards zu schaffen, folgt einem umfassenden Verständnis von Management. Konsequenterweise richtet sich sein Buch an alle, die in Organisationen wie auch immer ausgestaltete Führungsaufgaben wahrnehmen. Schon aufgrund dieses breiten Verständnisses geht nach Ansicht des Autors die Forderung nach dem "idealen" Manager, einer Kreuzung aus "antikem Feldherrn, Physik-Nobelpreisträger und Fernseh-Showmaster" an der Wirklichkeit vorbei. Deshalb ist die Frage, die es vielmehr zu beantworten gelte: "Wie schafft man es, normale Menschen zu Spitzenleistungen zu befähigen?" Hierzu formuliert Malik klare Regeln.So fordert er neben der konsequenten "Output-Orientierung des Managers" dessen Konzentration auf Weniges, aber Wesentliches. Überhand nehmendes Teamworking ist für den Autor nicht etwa ein Zeichen funktionierender, sondern "schlechter Organisation". Und der Eigenart, immer erst Schwächen beseitigen zu wollen, setzt er die Forderung entgegen, die Stärken der Mitarbeiter gezielt auszubauen und zu nutzen.

Sprenger, Reinhard: Radikal Führen
Frankfurt: Campus 2015

Der Provokateur Reinhard Sprenger räumt auf mit Mythen der Führung und plädiert für ein ungeschminktes Führungsverständnis jenseits der hochglanzbroschürenhaften Verlautbarungen so mancher Unternehmen. Auf die Frage „Warum gibt es Unternehmen?" lautet seine Antwort: „Weil es Aufgaben gibt, die man nur zusammen bewältigen kann. Unternehmen sind um die Idee der Zusammenarbeit herum gebaut, sie sind auf Zusammenarbeit angelegt. Unternehmen sind Kooperations-Arenen." "Zusammenarbeiten" ist nicht die Addition von Einzelleistungen. „Sondern ein Ergebnis, das im Idealfall nur durch den gleichzeitigen Einsatz aller erzielt werden kann. Das ist Synergie, das ist der Nutzen von Pool-Ressourcen, unterschiedliche Qualifikationen ergänzen sich, ungleiche Kräfte verstärken sich, verschiedene Rollen greifen ineinander, man kennt sich und kann Vertrauensvorteile nutzen."

Anhang: Checklisten, Formulare und Arbeitsmittel

Für Ihre tägliche Arbeit haben wir Ihnen einige Formulare vorbereitet, mit denen Sie Ihre Aufgaben als Teamleiter einfacher bewältigen können:

- Teamziele einordnen
- Zielvereinbarung
- Checkliste: Macher oder Denker?
- Checkliste: Neurer oder Bewahrer?
- Teamauftrag
- Fachkompetenzen
- Kandidatenbewertung
- Team-Setup-Matrix
- Checkliste: Organisatorische Voraussetzungen für den Teamerfolg
- Brainwriting-Formular
- Meetingprotokoll
- Teamfragebogen mit Auswertung
- Teamprofil
- Persönlicher Entwicklungsplan

Teamziele einordnen (siehe Kapitel 3.1.3)

Überlegen Sie folgende Punkte:

Welche Ihrer Unternehmensziele sind für die Arbeit Ihres Teams am bedeutsamsten?

Wie lautet Ihr exakter Teamauftrag?

Was sind die Unterziele Ihres Teams?

Zielvereinbarung für den Mitarbeiter/die Mitarbeiterin (siehe Kapitel 3.3.1)	
Name:	
Zeitraum von:	bis:
Ziel Nr. __:	
Teilziele: 1. 2. 3. …	
Aufgaben: 1. 2. 3. …	
Wer ist an der Zielerreichung beteiligt?	
Erwartungen an den Teamleiter zur Unterstützung der Zielerreichung:	
Mit dem Ziel verbundene Entwicklungsmaßnahmen:	

Anhang: Checklisten, Formulare und Arbeitsmittel

Checkliste: Macher oder Denker? (siehe Kapitel 4.2.1)	
Macher	Denker
Eine Tätigkeit ...	
☐ ... wird einfach in Angriff genommen.	... wird zunächst durchdacht und auf ihre Konsequenzen hin überprüft. ☐
Zeit der Nichtauslastung ...	
☐ ... ist eher unangenehm.	... ist willkommen, um zu planen. ☐
Diskussionen ...	
☐ ... werden schwer ertragen.	... werden gern und detailliert geführt. ☐
Zitat	
☐ „Besser irgendetwas tun als nichts tun."	„Besser einmal zuviel als einmal zuwenig nachgedacht." ☐

Anhang: Checklisten, Formulare und Arbeitsmittel

Checkliste: Neuerer oder Bewahrer? (siehe Kapitel 4.2.1)	
Neuerer	Bewahrer
Eine Innovation	
☐ … wird sofort tiefgreifend und grundsätzlich überlegt.	… wird lieber zunächst in der Verbesserung des Bestehenden gesucht. ☐
Von Neuem zu überzeugen …	
☐ … ist eher einfach.	… dauert eher lange. Erst der Beweis, dass es besser ist, wirkt. ☐
Reflexionen …	
☐ … hinterfragen das Alte nach kritischen Punkten und das Neue nach Positivem.	… hinterfragen das Neue nach Kritischem und das Alte nach Erhaltenswertem. ☐
Zitat	
☐ „Und wenn wir das gemacht haben, können wir als nächstes …"	„Damit sind wir gar nicht schlecht gefahren. Wir wissen, woran wir sind." ☐

Teamauftrag (siehe Kapitel 4.3.1)	
→ Fachkompetenz 1	
→ Fachkompetenz 2	
→ Fachkompetenz 3	
→	
→	
→	
→	
→	
→	
→	

Fachkompetenzen (siehe Kapitel 4.3.1)		
Fachkompetenz 1	**Fachkompetenz 2**	**Fachkompetenz 3**
Kandidaten:	Kandidaten:	Kandidaten:
Bedarf gedeckt?	Bedarf gedeckt?	Bedarf gedeckt?
Fachkompetenz 4	**Fachkompetenz 5**	**Fachkompetenz 6**
Kandidaten:	Kandidaten:	Kandidaten:
Bedarf gedeckt?	Bedarf gedeckt?	Bedarf gedeckt?
Fachkompetenz 7	**Fachkompetenz 8**	**Fachkompetenz 9**
Kandidaten:	Kandidaten:	Kandidaten:
Bedarf gedeckt?	Bedarf gedeckt?	Bedarf gedeckt?

Anhang: Checklisten, Formulare und Arbeitsmittel

Kandidatenbewertung (siehe Kapitel 4.3.2)								
Name: _____	Neuerer Stratege Prototyper Ideengeber Kraftmotor Denker ─────────── Macher Sammler Zuverlässiger Helfer Detaillist Bewahrer								
		−						+
Fachkompetenz	Eignung der Ausbildung	☐	☐	☐	☐	☐	☐	☐
	Berufserfahrung	☐	☐	☐	☐	☐	☐	☐
	Inhaltliche Kreativität	☐	☐	☐	☐	☐	☐	☐
	Gesamturteil der fachlichen Eignung	☐	☐	☐	☐	☐	☐	☐
Methodenkompetenz	Strukturiertheit im Vorgehen	☐	☐	☐	☐	☐	☐	☐
	Projekterfahrung	☐	☐	☐	☐	☐	☐	☐
	Kreativität in der Arbeitsweise	☐	☐	☐	☐	☐	☐	☐
	Gesamturteil der methodischen Eignung	☐	☐	☐	☐	☐	☐	☐
Sozialkompetenz	Kommunikationsstil	☐	☐	☐	☐	☐	☐	☐
	Verbindlichkeit	☐	☐	☐	☐	☐	☐	☐
	Bereitschaft zur Kooperation	☐	☐	☐	☐	☐	☐	☐
	Gesamturteil der Sozialkompetenz	☐	☐	☐	☐	☐	☐	☐
Personale Kompetenz	Frustrationstoleranz	☐	☐	☐	☐	☐	☐	☐
	Offenheit	☐	☐	☐	☐	☐	☐	☐
	Optimismus	☐	☐	☐	☐	☐	☐	☐
	Gesamturteil der Personalen Kompetenz	☐	☐	☐	☐	☐	☐	☐
Gesamturteil		☐	☐	☐	☐	☐	☐	☐
Entwicklungsempfehlung								

Team-Setup-Matrix (siehe Kapitel 4.3.3)

Kompetenz \ Name				
Typ				
Macher	☐	☐	☐	☐
Denker	☐	☐	☐	☐
Neuerer	☐	☐	☐	☐
Bewahrer	☐	☐	☐	☐

Anhang: Checklisten, Formulare und Arbeitsmittel

Checkliste: Organisatorische Voraussetzungen (siehe Kapitel 5.2.5)	Ja	Nein
Die Aufgabe des Teams ist in der Organisation hinreichend bekannt und anerkannt.		
Übergeordnete Instanzen stehen hinter den Zielen des Teams. Es gibt genügend Rückendeckung.		
Das Verhältnis zu anderen Bereichen ist offen und kooperativ.		
Aus anderen Bereichen erfolgt genügend Unterstützung und Zuarbeit für das Team.		
Es werden regelmäßig Berichte und Ergebnisse an die Gesamtorganisation geliefert.		
Der Weg zum Ziel ist Sache des Teams — es hat genügend Autonomie.		
Es gibt eine klare Abgrenzung zu anderen Bereichen und Teams, besonders zu denen mit ähnlichen/ benachbarten Aufgaben.		
Es herrscht Klarheit über die zur Verfügung stehenden Ressourcen und Vollmachten des Teams.		

Anhang: Checklisten, Formulare und Arbeitsmittel

Brainwriting-Formular (siehe Kapitel 7.3.2)			
Teilnehmer	Lösungsansatz 1	Lösungsansatz 2	Lösungsansatz 3

Anhang: Checklisten, Formulare und Arbeitsmittel

Protokoll (Kapitel 7.4.3)					
Projektname:			Projektnummer:		
Ort und Datum:			Verfasser:		
Teilnehmer:					
Verteiler/ Teilnehmer:					
Thematik A = Auftrag, B = Beschluss, E = Empfehlung, T = Termin, I = Information					
Nr./TOP	Thematik	zuständig	Ergebnis		Erledigungsvermerk

202

Anhang: Checklisten, Formulare und Arbeitsmittel

Teamfragebogen (siehe Kapitel 9.1.1)		Stimme nicht zu	Stimme eher nicht zu	Stimme eher zu	Stimme zu
1	Der Teamleiter ist in der Lage, auf die Fähigkeiten und das Engagement der einzelnen Mitarbeiter einzugehen.	☐	☐	☐	☐
2	Dem Team stehen ausreichend Mittel und Ressourcen zur Verfügung.	☐	☐	☐	☐
3	Wurde ein Konflikt gelöst, ist er auch tatsächlich vorbei.	☐	☐	☐	☐
4	Die Zusammensetzung des Teams ist der Teamaufgabe vollkommen angemessen.	☐	☐	☐	☐
5	Unsere Teambesprechungen sind in Ablauf, Inhalt und Zielen sorgfältig vorbereitet.	☐	☐	☐	☐
6	Bei uns ist es jederzeit möglich, abweichende Meinungen und Gedanken zu äußern, ohne dass dies zum Nachteil wird.	☐	☐	☐	☐
7	Die gemeinsamen Ziele werden von jedem einzelnen Teammitglied getragen.	☐	☐	☐	☐
8	Jeder im Team ist ernsthaft am Erfolg interessiert und setzt sich mit vollem Engagement dafür ein.	☐	☐	☐	☐
9	Wichtige Entscheidungen werden nicht im Alleingang getroffen.	☐	☐	☐	☐
10	Es herrscht Klarheit über die Aufgaben des Teams in der Gesamtorganisation; es gibt eine klare Abgrenzung zu anderen Bereichen.	☐	☐	☐	☐

Anhang: Checklisten, Formulare und Arbeitsmittel

Teamfragebogen (siehe Kapitel 9.1.1)		Stimme nicht zu	Stimme eher nicht zu	Stimme eher zu	Stimme zu
11	Konflikte werden in kurzer Zeit und konstruktiv gelöst.	☐	☐	☐	☐
12	Die Fähigkeiten der meisten Mitarbeiter sind nicht unterdurchschnittlich.	☐	☐	☐	☐
13	Wir haben genügend Zeit, um gemeinsam an neuen Lösungen und Ideen zu arbeiten.	☐	☐	☐	☐
14	Es gibt keine Cliquen und Subgruppen, die miteinander konkurrieren.	☐	☐	☐	☐
15	Eine gemeinsame Zielvorstellung bzw. Vision hilft uns, auch schwierige Zeiten zu meistern.	☐	☐	☐	☐
16	Die Auflösung des Teams wäre ein echter Verlust für uns alle.	☐	☐	☐	☐
17	Anerkennung und Kritik durch den Teamleiter stehen in einem angemessenen Verhältnis.	☐	☐	☐	☐
18	Das Team hat genügend Autonomie — es wird wenig von außen in die Arbeit eingegriffen.	☐	☐	☐	☐
19	Der Teamleiter spricht Konflikte an, ohne sie sich selbst zu überlassen.	☐	☐	☐	☐
20	Die meisten Mitarbeiter haben kaum Nachholbedarf in puncto Weiterbildung.	☐	☐	☐	☐
21	Es wird genau das richtige Maß an Abstimmungs- und Besprechungsaufwand angewandt.	☐	☐	☐	☐

Teamfragebogen (siehe Kapitel 9.1.1)

		Stimme nicht zu	Stimme eher nicht zu	Stimme eher zu	Stimme zu
22	Wir pflegen unser Team.	☐	☐	☐	☐
23	Die Ziele unserer Arbeit motivieren zu hohen Leistungen.	☐	☐	☐	☐
24	Die Arbeit im Team hat auch für uns persönlich einen hohen Wert.	☐	☐	☐	☐
25	Der Zusammenhalt im Team wird durch den Teamleiter gefördert.	☐	☐	☐	☐
26	Andere Abteilungen unterstützen die Arbeit des Teams ausreichend.	☐	☐	☐	☐
27	Bei uns kann man Fehler eingestehen — dies gilt als positive Eigenschaft und nicht als Schwäche.	☐	☐	☐	☐
28	Die Teammitglieder bilden mit ihren Persönlichkeiten und Qualifikationen ein interessantes Profil.	☐	☐	☐	☐
29	Vor einer Entscheidung werden mehrere Alternativen gemeinsam abgewogen.	☐	☐	☐	☐
30	Wir führen offene und ehrliche Gespräche.	☐	☐	☐	☐
31	Die Verteilung der Aufgaben ist transparent — ich weiß, welchen Beitrag ich zum Teamziel leiste.	☐	☐	☐	☐
32	Die Ziele erfordern von allen Teammitgliedern ständig ein Höchstmaß an Einsatz.	☐	☐	☐	☐
33	Der Teamleiter fordert und fördert persönliche Entwicklung.	☐	☐	☐	☐

Teamfragebogen (siehe Kapitel 9.1.1)

		Stimme nicht zu	Stimme eher nicht zu	Stimme eher zu	Stimme zu
34	Übergeordnete Hierarchieebenen geben dem Team ausreichend Rückendeckung und Anerkennung.	☐	☐	☐	☐
35	Es herrscht eine offene Streitkultur. Niemand spricht hinter dem Rücken über andere.	☐	☐	☐	☐
36	Unser Team hat genau die richtige Größe.	☐	☐	☐	☐
37	Wir wissen, wie wir unsere Kreativität nutzen können.	☐	☐	☐	☐
38	Es gibt private Kontakte zwischen den Teammitgliedern.	☐	☐	☐	☐
39	In der Regel weiß ich, was ich als Nächstes tue.	☐	☐	☐	☐
40	Ich habe das Gefühl, dass sich alle stark engagieren.	☐	☐	☐	☐
41	Das Team wird nach außen gut vertreten.	☐	☐	☐	☐
42	Das Team oder der Teamleiter können Entscheidungen auf höheren Ebenen beeinflussen.	☐	☐	☐	☐
43	Unangenehme Themen werden nicht vermieden.	☐	☐	☐	☐
44	Die Teamarbeit kann durch weitere fachliche Qualifikation kaum noch verbessert werden.	☐	☐	☐	☐
45	Wenn wir uns beraten, werden wir nicht gestört.	☐	☐	☐	☐

Teamfragebogen (siehe Kapitel 9.1.1)

		Stimme nicht zu	Stimme eher nicht zu	Stimme eher zu	Stimme zu
46	Unterschiedliche Weltbilder können bei uns nebeneinander existieren.	☐	☐	☐	☐
47	Es gibt einen Plan, den ich persönlich verfolgen kann.	☐	☐	☐	☐
48	Die Voraussetzungen motivieren mich — es lohnt sich, sich einzusetzen.	☐	☐	☐	☐
49	Ein Hauptanliegen des Teamleiters sind die Interessen und Ziele des Teams.	☐	☐	☐	☐
50	Es existiert genügend Handlungsspielraum und Entscheidungsfreiheit.	☐	☐	☐	☐
51	Die inhaltliche Auseinandersetzung steht im Vordergrund und nicht die Macht oder das „Recht-behalten-wollen".	☐	☐	☐	☐
52	Es gibt genügend Menschen bei uns im Team, die wissen, wie man bestimmte Probleme anpackt.	☐	☐	☐	☐
53	Die Aufgaben der Teammitglieder sind eindeutig geklärt. Jeder weiß genau, was er zu tun hat.	☐	☐	☐	☐
54	Wir haben ein starkes Wir-Gefühl.	☐	☐	☐	☐
55	Prioritäten sind bei uns klar zu setzen.	☐	☐	☐	☐
56	Meine Arbeit ist mir persönlich sehr wichtig.	☐	☐	☐	☐

Teamfragebogen (siehe Kapitel 9.1.1)

		Stimme nicht zu	Stimme eher nicht zu	Stimme eher zu	Stimme zu
57	Es werden regelmäßig Gespräche über individuelle Ziele und Prioritäten der Mitarbeiter geführt.	☐	☐	☐	☐
58	Unsere internen Kunden wissen genau, was wir für sie tun und tun können.	☐	☐	☐	☐
59	Wir wissen, wie wir Konflikte lösen können.	☐	☐	☐	☐
60	Wir finden sachlich sehr gute Lösungen, mit denen wir und unsere Kunden zufrieden sind.	☐	☐	☐	☐
61	Wir achten darauf, wie wir unsere Zeit und unsere Kräfte einsetzen.	☐	☐	☐	☐
62	Ich arbeite sehr gern in diesem Team, denn die Arbeit macht Spaß und motiviert mich.	☐	☐	☐	☐
63	Es fällt immer leicht, Wesentliches von weniger Wichtigem zu unterscheiden.	☐	☐	☐	☐
64	Bei uns macht es Spaß, uns Herausforderungen zu stellen.	☐	☐	☐	☐

Zur Auswertung des Teamfragebogens übertragen Sie jetzt bitte Ihre Bewertungszahlen für jede entsprechende Fragenummer auf den folgenden Auswertungsschlüssel. Zählen Sie dann die Bewertungszahlen zusammen und teilen den Gesamtwert durch 8, um den Mittelwert zu erhalten. Dabei gilt: Stimme nicht zu: 1 Punkt; Stimme eher nicht zu: 2 Punkte; Stimme eher zu: 3 Punkte; Stimme zu: 4 Punkte.

Führungsqualität															
1		9		17		25		33		41		49		57	
Total								Mittelwert							
Integration in die Gesamtorganisation															
2		10		18		26		34		42		50		58	
Total								Mittelwert							
Konfliktmanagement															
3		11		19		27		35		43		51		59	
Total								Mittelwert							
Qualifikation & Kompetenzen															
4		12		20		28		36		44		52		60	
Total								Mittelwert							
Organisation & Arbeitsmethoden															
5		13		21		29		37		45		53		61	
Total								Mittelwert							
Kommunikation & Arbeitsklima															
6		14		22		30		38		46		54		62	
Total								Mittelwert							
Zielorientierung															
7		15		23		31		39		47		55		63	
Total								Mittelwert							
Engagement															
8		16		24		32		40		48		56		64	
Total								Mittelwert							

Teamprofil (siehe Kapitel 9.1.2)							
	1	1,5	2	2,5	3	3,5	4
Führungsqualität	○	○	○	○	○	○	○
Integration in die Gesamtorganisation	○	○	○	○	○	○	○
Konfliktmanagement	○	○	○	○	○	○	○
Qualifikation & Kompetenzen	○	○	○	○	○	○	○
Organisation & Arbeitsmethoden	○	○	○	○	○	○	○
Kommunikation & Arbeitsklima	○	○	○	○	○	○	○
Zielorientierung	○	○	○	○	○	○	○
Engagement	○	○	○	○	○	○	○

Für die Ausprägungen im fertigen Teamprofil gilt:
- 1: Sehr schwache Ausprägung — Krisenintervention
- 2: Schwache Ausprägung — hoher Handlungsbedarf
- 3: Gute Ausprägung — auf dem richtigen Weg
- 4: Sehr gute Ausprägung — diesen Zustand stabilisieren

Persönlicher Entwicklungsplan für:	
(siehe Kapitel 9.3.3)	
Zeitraum	
von	bis
Das sind die Stärken, die ich beibehalten will: 1. 2. 3.	Das sind die Schwächen, die ich abbauen will: 1. 2. 3.
Das will ich zur Erhaltung meiner Stärken tun: 1. 2. 3.	Das werde ich tun, um mit meinen Schwächen kontrolliert umzugehen: 1. 2. 3.
An diesen Problemen werde ich arbeiten: 1. 2. 3.	Im Seminar
	On the Job
	Literatur

Stichwortverzeichnis

360°-Feedback 123
4-Quadranten-Analyse 173

Abhängigkeitsverhalten 94
Abtaucher 70
Angewohnheit 140
Anleitender Stil 156, 157
Arbeitsgruppe 12
Arbeitsklima 13, 129, 142
Arbeitskraft 62
Arbeitsmethode 129, 142
Assessment-Center 82
Aufgabe 34
Aufgabenziel 30
Auswahl 41

Bedürfnis 182
Bedürfnisbilanz 46
Beitragsziel 29
Beratungsfunktion 75
Bereichsziel 29, 33
Beurteilung 62
Beurteilungsprozess 60
Beurteilungszeitraum 39
Bewahrer 46, 62
Beziehungsebene 163
Boykotteure 186
Brainstorming 109, 174
Brainwriting 109, 174

Coachender Führungsstil 158

Coachingprozess 159

Delegierender Stil 156, 157
Denker 46, 47, 62
Detaillist 45, 49, 51
Dienstleistung 31
Doppelrolle 69

Eigeninitiative 18
Einfühlungsvermögen 24
Einigelung 94
Einpeitscher 70
Einzel-Assessment 83
Einzelcoaching 137, 146
Engagement 130, 142
Entscheidungsgrundlage 74
Entwicklungsarbeit 79
Entwicklungsmaßnahme 137
Entwicklungsplan 150
Erfolgskontrolle 151
Ergebnisprotokoll 106
Evaluation 151

Fachkenntnis 41
Fachkompetenz 15, 21, 55, 62, 63
Feedback 117, 141
Feedbackempfänger 118, 122
Feedbackgeber 118
Feedbackkultur 118
Feedbackregeln 122
Fertigkeit 41

Fluchttendenz 94
Focus Group 100
Folgekonflikt 169
Forming 89, 139
Freiheitskampf 94
Führungsfehler 16
Führungskompetenz 15
Führungsmotivation 22
Führungsqualität 129, 142
Führungsstil 155

Galerie-Methode 108
Gesamturteil 60
Grundtyp 47
Gruppendynamischer Prozess 139

Handlungsorientierung 22
Harvard-Konzept 173
Helfer 45, 49, 51
Hochleistungsteam 13, 55, 127

Ideengeber 45, 49, 52
Integration 129, 142
Interview 82
Investor 19
Ist-Zustand 144, 149

Kampfverhalten 94
Kandidat 55, 58
Kleingruppe 43, 180
Kommunikation 129, 142, 181
Kompetenz 129
Kompromiss 175
Konflikt 93, 141, 163

Konfliktfähigkeit 26
Konfliktmanagement 129, 142
Konfliktsymptome 173
Kooperationsfähigkeit 23
Kraftmotor 45, 49, 50
Kreativitätstechnik 107

Leader 71
Leistungsbeurteilung 39
Leistungsfähigkeit 14
Lösungsmöglichkeit 174

Macher 46, 47, 62
Managementkompetenz 15
Mannschaftsstärke 42
Markt und Absatz 31
Meeting 99, 110
Meetingagenda 105
Meetingdramaturgie 105
Meetingprotokoll 115
Meetingregeln 111
Meetingvorbereitung 102
Messbarkeit 35
Methodenkompetenz 63
Methodenkonflikt 167
Mindmap-Methode 108
Mitarbeiterbefragung 128
Mitarbeitertraining 144
Mitarbeiterverantwortung 179
Mitarbeiterziel 33
Mitgliederzahl 42
Moderator 111
Motivation 180

Neuerer 46, 62
Norming 95, 139

One-to-One-Meeting 101
Organisation 129
Organisationstalent 21
Outdoortraining 145, 180

Performing 96, 139
Personal und Organisation 31
Personale Kompetenz 15, 63
Personenorientierung 69
Persönlicher Konflikt 167
Positionskampf 92
Potenzielles Team 12
Präsentation 76
Produktion 31
Progressmeeting 101
Prototyper 45, 49
Pseudo-Team 12

Qualifikation 129, 142
Qualitatives Ziel 30
Quantitatives Ziel 30

Reporting-Meeting 101
Ressource 77
Rolle 43, 44, 49

Saboteur 183
Sachebene 163
Sachorientierung 69
Sammler 45, 49, 52
Schnittstelle 30

Screening 58
Selbstkontrolle 152
Selbstverantwortung 160
Situative Führung 156, 158
SMART-PURE-CLEAR-Methode 39
Soft Skill 21
Soll und Haben 31
Soziale Kompetenz 15, 63, 75
Storming 92, 139, 148
Stratege 45, 49, 53
Symbol 180
Synergieeffekt 14

Teamanalyse 127
Teamauftrag 27, 42, 55, 62, 139
Teamcoaching 137, 138, 139, 141, 143
Teamentwicklung 137
Teamentwicklungsphase 89, 138
Teamfähigkeit 11
Teamfaktor 129
Teamfragebogen 130, 203
Teamgröße 41
Teamidentität 143
Teamleiterrolle 67
Teamleitertyp 69
Teammeeting 100, 102
Teamprofil 136
Teamregel 91
Teamrolle 63
Teams der Zukunft 177
Team-Setup-Matrix 62
Teamtraining 142
Teamtypus 60
Teamziel 28, 29, 33

Teamzusammensetzung 15, 54
Teilnehmer 104
Teilziel 31
Therapeut 70
Totstellen 94
Training on the job 142
Transparenz 77, 181
Typ 44

Umgangsregel 95
Unternehmensziel 28, 33
Unterstützender Stil 156, 157
Unterweisender Stil 156, 157
Ursachensuche 173

Veränderungsprozess 181, 184
Verfahrensfrage 75
Verhaltensmuster 140
Verhaltensprofil 60
Verhaltensprototyp 62

Verhaltenstyp 60
Verteilungskonflikt 167
Vertrauensvorschuss 79, 160
Videokonferenz 177
Vorauswahl 62

War for Talents 19
Wertekonflikt 167
Widerstand 183
Wir-Gefühl 13, 72

Ziel 27, 182
Zieldialog 34
Zielkonflikt 167
Zielorientierung 130, 142
Zielvereinbarung 27, 35, 36, 39, 158
Zuverlässiger 45, 49, 50
Zwischenergebnis 76
Zwischenmenschliches Problem 75